图书在版编目(CIP)数据

翻转课堂与慕课教学：一场正在到来的教育变革 /(美)伯格曼，(美)萨姆斯著；宋伟译.
—北京：中国青年出版社，2014.11
书名原文：Flip your classroom: reach every student in every class every day
ISBN 978-7-5153-2823-2
Ⅰ.①翻… Ⅱ.①伯… ②萨… ③宋… Ⅲ.①中小学－课堂教学－教学研究 Ⅳ.①G632.421
中国版本图书馆CIP数据核字（2014）第227997号

翻转课堂与慕课教学：
一场正在到来的教育变革

作　　者：[美] 乔纳森·伯格曼　亚伦·萨姆斯
译　　者：宋　伟
责任编辑：肖妩嫔
美术编辑：张燕楠
出　　版：中国青年出版社
发　　行：北京中青文文化传媒有限公司
电　　话：010-65511270/65516873
公司网址：www.cyb.com.cn
购书网址：zqwts.tmall.com
印　　刷：大厂回族自治县益利印刷有限公司
版　　次：2015年1月第1版
印　　次：2021年1月第9次印刷
开　　本：787×1092　1/16
字　　数：98千字
印　　张：10.5
京权图字：01-2013-7283
书　　号：ISBN 978-7-5153-2823-2
定　　价：26.00元

目 录

CONTENTS

推荐序

FOREWORD

2010年秋天的一个早晨，秋高气爽，是科罗拉多特有的宜人天气，我驾着车，开往派克斯峰（Pikes Peak）下的林地公园高中，准备去那里见两个人，我们已经在网上“认识”了，却一直没有机会见面。

我第一次与乔纳森·伯格曼和亚伦·萨姆斯在网上“碰面”是在2007年。我已经不记得当时的具体情境了，只记得从那时开始阅读他们在化学课上采用的“翻转”模式。我以前在高中任数学老师，现在是技术部门的主管，这种模式恰好和我所努力的方向一致：如何最大限度地利用科技来满足教师和学生的需求。

我开始阅读更多关于这种模式的内容，并与乔纳森和亚伦多次在网上交流，以更多地了解这种模式的好处和不足。很显然，最开始他们也无法回答所有的问题。他们很坦诚地说明哪些方面可行，哪些方面不可行；直言哪些方面他们认为是有坚实基础的，哪些方面还有不足，而且他们不断提出方案力图解决这些问题。

在这个教育行业图求“绝招”的年代，他们的做法令人精神振奋。

最后，我们高中里的一位化学老师布莱恩·哈泰克决定试验一下翻转课堂模式，于是我们便开始商量如何才能做到最好，期间也得到了乔纳森和亚伦的很多帮助。我们也与乔纳森和亚伦一样，从经历的成功和遭遇的挑战中总结了很多经验教训。

2010年秋天，除了身兼技术主管的工作之外，我又回到了课堂，负责一部分数学教学任务，我就更想学习他们的经验了，并希望打造出我自己的翻转课堂。我问他们是否可以去观摩一下他们的课堂。

尽管看再好的书也比不上亲身体验他们的课堂教学，但并不是所有人都住得像我一样近，可以开车去拜访他们。这本书便是你的次优选。它提供了打开翻转课堂的一扇窗户，两位教师时刻思考着这样一个问题：“课堂上如何才是对学生最好的？”尽管他们认为自己的“传统”教学效果不错，但他们知道自己还可以做得更好。翻转课堂模式和其他所有好的教育创意一样，植根于学生的需求。本书按时间次序编写，记录了他们的历程，从颤巍巍地迈出“翻转”课堂第一步到“至今最好的”通达翻转课堂模式。

本书展示了他们想法的发展过程。他们不仅分享了效果良好的方法，还展示了最终认定的不可行的做法。他们想要读者从他们的错误中有所学，在自己犯了新错误的时候也能讲与他人听，进而分享自己对改进这种模式的洞见。这本书既是一种哲学思索，也是一本使用手册，讲述了他们认为翻转模式对学习者有益的理由，并一步一步地描述了如何开始翻转模式，以及需要考虑的问题。

乔纳森和亚伦描述了通达翻转课堂模式的作用——既能帮助他们的学生更好地掌握课堂内容，又能帮助他们成为更好的学习者。学生不仅在考试中取得了更好的成绩，而且真正加深了他们对化学的认识。乔纳森和亚伦还讲述了这种课堂模式使他们能更多地与学生交流，与学生建立更亲密牢固的关系，学生也因此得到了更多个性化的学习机会。

乔纳森和亚伦写了这本书，记录了关于翻转课堂的一些“为什么”和“该如何做”，他们提供了很多解决方法，以帮助有兴趣进一步了解翻转课堂的人。这本书会帮助你厘清自己是否真的想翻转课堂（并不是所有人都愿意）。如果你决定要翻转课堂，这本书又能帮你（也帮你的学生）节省很多时间。并不是说有了这本书一切就都简单了，教学从来都不会是一件简单的事情。不过，这本书可以帮助你迅速了解翻转模式的潜力和缺陷。

翻转模式对你的学生而言是不是最好的？这只有你才能决定。但这本书在你做出决定之前可以提供不可估量的帮助。你可以读一读这本书，在脑海中提几个问题，试验一番，然后试着改进这种模式，甚至你还可以把你所学的分享出来，乔纳森和亚伦写作本书的要旨便在于此。

卡尔·费什

美国科罗拉多州高地牧场

2011年9月

CHAPTER 1

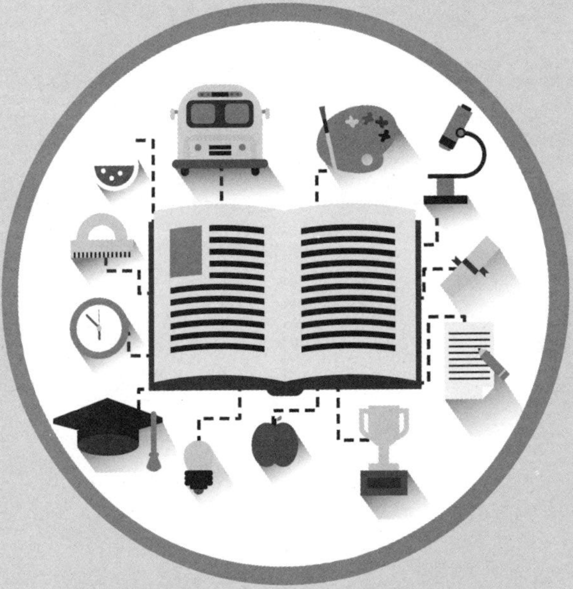

第一章

我们的故事：创造翻转课堂

OUR STORY: CREATING THE FLIPPED CLASSROOM

恩里克　在学校过得很煎熬，特别是数学课。老师每天站在讲台上，根据课标讲课。老师使用了最新科技，她的教室里装备了互动电子白板，本意是想要所有的孩子都参与到课堂中，激发他们对学习的兴趣。恩里克的问题在于，老师讲得太快了，他来不及做笔记。有时他能把老师在课堂上讲的所有要点都记到纸上，却完全不知道这些内容的意思。等回家要做作业的时候，他还是很煎熬，因为课堂上老师讲的内容好像跟作业里的要求又不怎么一样。就这样，虽然恩里克学习很努力，但留给他的选择并不多：或者提早到学校，找老师帮忙；或者给一位朋友打电话，寄希望于这位朋友听懂了老师的讲课内容；再或者他可以抄朋友的作业；抑或彻底放弃。

珍妮丝　就读于东区高中，活跃在排球、篮球和田径赛场上。她是一位很认真的学生，总是竭尽所能。但可惜的是，她每天最后一堂科学课都会遇到一些麻烦。她必须提早离开学校，赶去参加比赛，因此耽误了不少课。她努力想要跟上科学课的课程进度，但没有办法，因为落下的课实在太多了。有时她会在上课前提早来学校，和老师聊聊，但老师通常很忙，没有时间单独为她补课。

阿什莉　多半时间都在“混学校”。她已经磨炼10年了，并掌握了如何满足老师要求的艺术，确保自己能够符合每一项评分标准。她从来没有真正理解课程的核心概念。她在课上总能得到优秀的成绩，并不是因为她理解了课程的内容，而是因为她满足了评分标准要求。她得到的分数并不能切实地反映她实际所学的知识。阿什莉在学校里的收获很少。

可悲的是上述情形在全国甚至世界各地都很常见。很多想要努力学习，使出了浑身解数却依然跟不上进度的学生被落在后面。还有一些学生太过忙碌，错过了一些核心概念的学习。还有一些学生学会了“混学校”，但从来没有真正理解课程的重要内容。

翻转课堂上的老师可以对学生进行个性化教学，可以解决恩里克、珍妮丝和阿什莉这些学生的需求。不管是教数学、科学、社会学、语言学、体育课、英语、外语或人文学科，这本书都会告诉你如何去做！

• 教育背景 •

2006年，我们开始在科罗拉州多林地公园高中教学。乔纳森来自丹佛，亚伦来自南加利福尼亚。我们俩搭起了化学教学部，负责全校950名学生的化学课程。随着友谊的不断加深，我们渐渐发现两人的教育理念也很相似。为了让生活更轻松一些，我们开始联合起来为化学课准备教案，为了节省时间，我们分担了很多工作。亚伦会负责一堂化学实验课，乔纳森则负责下一堂。亚伦会编写第一单元的考试题，乔纳森则负责下一单元。

在一个相对郊区的学校里，我们很快便发现了教学中的一个问题，很多学生会错过大量课程，因为他们要参加比赛和各种活动。学生在去参加活动的路上花费了太多的时间。因此，学生会错过我们的课程，却又挣扎着想要赶上进度。

然而有一天，我们的世界彻底变了。亚伦翻阅着一本科技杂志，给乔纳森看了一篇关于某种软件的文章，这种软件能够记录下PPT幻灯片的内容，包括语言和注释，然后将其转换成视频文件，还可以轻松地上传到网上。YouTube那时刚刚起步，网络视频还处于襁褓阶段。但我们探讨着这类软件的潜力，渐渐意识到利用这种软件或许可以使落课的学生不再落课。因此，2007年的春天，我们开始利用屏幕内容截取软件来录制视频课程。我们把录制的课程放到网上，方便学生使用。

说实话，我们录制课程视频也是出于私心。我们花费了过多的时间来为落课的学生补课，这些录制的视频课程则成为我们避免补课的防线。对话通常是这样的：

学生：萨姆斯先生，我上一堂课没来上。我错过了哪些内容？

萨姆斯先生：告诉你吧，登录我的网站，看看我放在上面的视频，如果有问题再来问我。

学生：好的。

缺课的学生很喜欢录制的课程，他们很容易就能学到他们错过的课程内容。有些上了课的学生听说有录制的视频课程也会再看一遍。有些学生会在复习考试时再观看这些视频。我们也很喜欢这些录制的课程，因为这样就不用在放学后、午餐时或备课的时间再花费太多的精力帮助学生跟上进度。

我们根本没想到把录制课程放在网上会带来“副作用”：大量的电子邮件涌来。因为我们录制的视频放在网上，全世界的学生和老师都来感谢我们。和我们学校那些苦苦煎熬的学生有类似经历的学生发现了我们的视频，也开始利用它们学习。我们参加了几次网络科学教师论坛，也开始在那里分享视频链接。全国的老师都开始注意到这些视频。化学老师开始用我们的视频课程作为代课老师的提纲，有些刚开始教学的老师用我们的视频课程来学习化学，以便教授自己的学生。总而言之，我们在自己的小镇上所做的事情能引起全国的关注，真是一件了不起的事情。

● 翻转课堂诞生 ●

我们两个人的教学经验加起来有37年，也曾一度沮丧不堪，叹惜学生无法灵活掌握我们课上讲解的知识，无法利用这些知识来完成课后作业。后来有一天，亚伦有了一个将要改变世界的想法。这是一个很简单的发现："只有学生卡壳了，需要我特别帮助时，才是他们真正需要我现身的时候。他们不需要我一直都留在教室里，对着他们喋喋不休地讲着课程内容，他们自己就能学习课程内容。"

然后他提出这样一个问题："我们把所有的课堂讲稿都预先录制下来，学生观看视频，作为'家庭作业'，然后我们可以用整堂课的时间来帮助学生厘清他们不懂的内容。"

我们的翻转课堂就这样诞生了。我们用了整整一学年的时间录制了所有化学课的讲稿。为了减少工作量，我们俩一个人负责录制化学课第一单元，另一个人则负责下一单元。之后每单元再更换任务。为了完成这些工作，习惯早起的乔纳森花费了很多个早晨，而好晚睡的亚伦则熬了很多个夜晚。

我们的学生按时段编课方式[①]上课，我们每隔一天要给他们上95分钟的课。隔一天晚上，学生就会看一段我们录制的视频作为家庭作业，并记录下他们学到的知识。我们在科学课堂上教授的实验还和以往一样。我们发现这样做之后，留下做实验和问题讨论的时间多了很多。说实话，我们俩都发现没什么事情可以让学生去做了，这在我们的教学生涯中还是第一次。一堂课还剩20分钟时，学生就完成了所有的任务。很显然，这种模式比上课讲授、课后留家庭作业的模式要更加高效。

我们的单元测验也和上一学年一样。我们将在之后的章节详细探讨这些。不过，总而言之，我们的学生学到了更多的知识；从我们粗略统计的数据显示，翻转课堂模式比传统教学方式要更受学生欢迎，也更加高效。

我们尝试了一年翻转课堂模式，对学生的学习效果很满意。我们有证据显示这种模式是有效的，对孩子们也更好。

在继续讲述我们的故事之前，有必要强调几点很重要的事情：（1）在施行翻转模式之前，我们在课堂上也不仅仅是讲授课程。我们一直都在课堂上采用问答学习方式；（2）我们并不是最早将视频工具用于课堂教学中的教育工作者，但我们属于较

① 时段编课方式（Block Schedule）：近年被美国确认为主流教育制度（主要在中小学），旨在给学生更多学习时间上的主动控制权。时段编课方式下课数变少，但每一堂课的上课时间变长。

早实践和推行这种工具的老师，对我们而言，如果没有最早引入这种工具的人，就没有现在的翻转课堂。不过，也有很多老师会采用本书中诸多理念，并把自己的课堂称作翻转课堂，但没有使用视频作为教学指导工具；(3)不是我们发明的“翻转课堂”这一概念。这个概念并不属于任何人。尽管通过各种媒体宣传，这个概念已经渐渐深入人心，但我们还是要说，其实并没有所谓的翻转课堂。

• 翻转如何助力个性化教学 •

在翻转课堂的框架下，学生能够得到个性化的教育，翻转课堂也可以满足他们个性化的需求。还记得我们在最开始讲到的恩里克、珍妮丝和阿什莉吧？他们代表着处于煎熬挣扎中的学生、日程安排过满的学生和那些局限于浅层次学习的学生。教育工作者本应找到合适的方法，满足这些学生的不同需求。个性化教学便是一种很好的解决方法。

个性化教学很有道理，但要一位老师对150名学生做个性化教学确实非常困难，在传统教学环境下是无法实现的。当下的教育模式反映的是其诞生年代——工业革命时期——的特点。为了提高标准化教学的效率，学生在生产流水线上接受教育。这种教育模式下要求学生成排坐好，听“专家”分析某个主题，然后通过考试温习之前学习的内容。不过，在这种环境下，所有学生都接受着同样的教育。传统教育方式的缺点在于，并不是所有学生来到课堂时都做好了学习的准备。有些学生没有必要的背景知识，有些学生对课程主题不感兴趣，也有些学生对现今的教学模式感到失望。

在过去十年的大部分时间里，教育工作者都知道要对每个学生进行个性化教学，多数教育工作者也相信个性化教学对学生是有益的。然而，每天为150名学生提供个性化教学，其工作量是多数老师无法承受的。老师到底如何才能为这么多的孩子提供个性化教学呢？有如此多的课标需要完成，老师又如何能够保证每个学生都学有所成呢？个性化教学令多半老师不堪重负，于是他们便采用了“散弹教学法”：在有限的时间里，讲授尽可能多的内容，期望能“打中”更多的学生，并让他们记住。

我们开始翻转我们的课堂之后，很快便意识到自己无意间发现了一种模式，在这种模式下，老师可以对每个学生进行高效的个性化教育。我们将翻转课堂模式展示给世界各地的教育工作者观摩，很多老师说：“这种模式可复制、易上手、可量身打造，便于老师集中精力。”

你或许会注意到翻转课堂与其他一些教育模式的共同点，比如混合式学习、反向教学、反转式课堂和24/7课堂。所有这些模式都有类似的特征，在特定的环境下可互相转换。

• 翻转课堂的成长 •

我们刚开始走翻转课堂这条道路的时候，从未想过会传到外人耳中。突然有一天，我们收到邻近学区发来的一封电子邮件，邀请我们去讲述一下翻转模式。他们甚至主动要求给我们付费！于是我们收拾了行李，在科罗拉多州卡农城停了一天。多半老师都参加过这一类教职员工培训活动，校长或是教导主任介绍某位“专家”，做一次幻灯片展示。这一次呢，我们便是学校请来的专家。我们开始做展示的时候，多数老师都神情凝滞，好像在等着看台上两个聒噪的家伙能讲出什么引人注目的道理。

我们分享了自己的故事，讲述的过程中，他们原本懒散的坐姿都变得笔挺起来。很快，观众席里的老师便开始对翻转模式显示出浓厚的兴趣，并问起了问题。随后，我们将所有老师分成小组，教他们练习如何制作自己的视频，在这个环节里，我们意识到自己偶然的发现对其他人也有着实在的意义。一位经验丰富的老师对我们说，在他26年的教学经历中，我们的展示和讲习班是他参加过的职业发展培训中最有用的一次。我不知道他这样的评价是因为我们所分享模式简单易复制，还是因为我们的展示技巧很好。

几周之后，我们学校的校长助理走进我们的教室问是不是有电视节目的人来采访？令我们惊奇的是，一位教育节目的记者听说了我们的故事，来到我们的课堂，摄制了一段关于我们所作所为的新闻报道……而之后的故事便众所周知了。我们受邀为中学、学区甚至是大学里的老师提供培训，在美国、加拿大和欧洲各地讲述关于翻转课堂的故事。

• 通达翻转课堂诞生 •

之后的一天，我们与一些学生进行了交流，又深深地被震撼了。每年年末，我们都会为学生安排一个综合项目。在这个项目里，学生要分析一种家用化学品，并定量计算其中各种成分的含量。我们施行翻转模式的第一年，要求学生分析一种软性饮料，计算出饮料中磷酸的比例。这个项目我们已经做了好几年，很期待第一次施行翻转课堂教学的这些学生能够带来惊喜，树立起良好的实验分析结果的新典范。学生完成项目之后，每组都要和老师进行一次口述交流。在那次交流中，我们问了一些学习化学应该牢记在心的概念性问题。尽管这些学生在考试中比以往的学生成绩要好，但交流中一些学生的表现就好似他们学习完全是为了应试，而不是真正掌握了学习化学应该理解的核心概念。这令我们很惊奇，也很失望。

我们又经过深入反思，发现尽管我们竭尽所能去努力满足所有学生的需求，但还是会忽略孩子们对课程的准备情况，转而逼迫他们跟上课程进度。我们开始思索是否可以建立起一种包含通达学习环境（学生按照自己的节奏来完成一系列目标学习任务）所有要素的翻转课堂。我们俩进行了一番对话，内容大致如下：在传统翻转模式下（说“传统”翻转模式感觉真是很奇怪），所有学生都在同一个晚上看同样的视频。然后在课堂上，所有的学生又要完成同样的任务或实验。而今，既然已经有了指导视频库，为什么还要让所有学生同时学习同一个主题呢？

另外乔纳森班上来了一名外国交换生，这也促使我们思考通达翻转模式的事情。教学辅导员找到乔纳森，问他能否让一名学生第二学期进他的化学班上课。乔纳森问及这名学生上学期的化学课学习情况，得知她没有任何化学学习基础。在我们制作好教学视频之前，根本不可能在年中让这样一名学生插班。乔纳森仔细思考了一番，想到自己有一个化学教学视频库。这名学生可以按照自己的节奏来学习。他把这名学生收到自己班上。她从第一单元开始学习，按着自己的节奏学了化学课。我们的课程一年共有十个单元。她一个学期就学了其中的八个单元。我们观察了她的学习过程，开始思考能否建立一个系统，所有的学生都按照自己的节奏来学习教学资料，掌握所有内容。

我们的最终目标是让所有的学生都真正学懂化学。我们思索着能否建立一个系统，让学生在掌握学习资料的同时不断进步。你要知道，我们以前从未接受过通达学习理论相关的训练。随后，我们发现通达学习已经存在很久了。已经有了很多关于建立通达学习系统的理论研究。我们没有参阅任何文献，也没有做任何调研就直接实践了起来。

我们施行通达翻转模式的第一年，体现教学效果的学习曲线波动极大。我们犯了很多错误。那一年结束之后，我们疑惑地看着对方，问："我们要不要继续？"我们都知道已经骑虎难下了。我们看到学生对化学的理解比以往都要深刻，因此也深信这种模式的可行性。我们的方法正在改变学生，使他们成为自我导向型的学习者。

• 你做好翻转的准备了吗 •

你或许已经发现，我们很愿意接受变化。只要能帮助学生，我们几乎愿意尝试任何方法。万幸的是，我们在探索的路上做出了很多不错的决定。当然我们也犯了很多错误。如果你们决定施行翻转模式或是通达翻转模式，希望你们能从我们的错误中有所感悟，进而改善你们的模式。

我们还希望你们在阅读时能够认识到翻转课堂的方式并非唯一，并没有所谓的"唯一一种"翻转课堂。没有一成不变的方法可以简单地去复制，也没有注意事项清单去跟踪，这些都保证不了课堂效果。翻转课堂更多的是一种思维方式：将课堂注意力从老师转移到学生和学习上。每一位选择翻转课堂的老师，做法都各有不同。说实话，虽然我们两人共同开发了翻转课堂，教室也相邻，但乔纳森的课堂还是和亚伦的课堂有很大不同。是的，在类似的课堂上，我们体现的是各自不同的个性和独特的教学风格。

我们故意把这本书写得短一些，希望你能够一口气读完，或者至少在一个周末读完。整本书的结构很简单：先是介绍了翻转课堂，然后是通达翻转模式，最后是问答部分和总结思考。我们说明了每一种模式的特点、采用的原因和如何施行。书中还穿插引用了一些故事和言论，这些都来自于全球各地实践翻转课堂的教育工作者。

CHAPTER 2

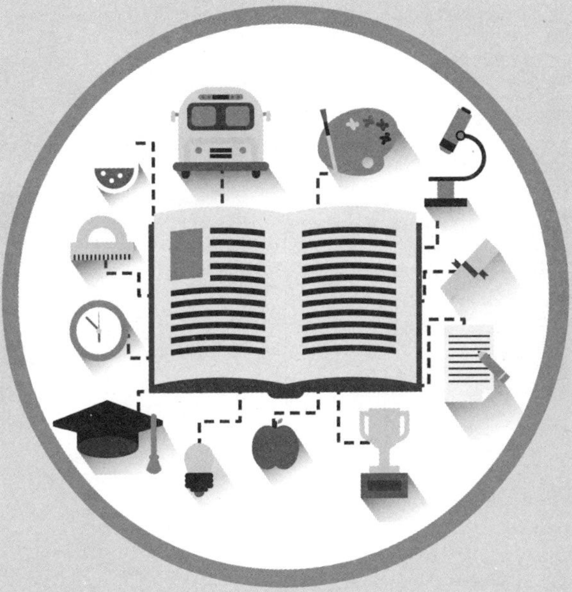

第二章

翻转课堂：高效的教学模式

The Flipped Classroom

此时你应该已经对翻转课堂的必要条件有了一定的概念，不过你可能会问我们课堂上“翻转”的到底是什么。翻转课堂的概念大致是这样的：传统上在课堂上做的事情改为在家里做，传统上的家庭作业则在课堂完成。不过在后文中你会发现，翻转课堂并不仅限于此。

• 打破课堂常规 •

经常有人问我们，翻转课堂模式下，每一天上课是怎样的。基本说来，每堂课我们会先就前一天晚上学习的视频进行几分钟的讨论。翻转模式的缺点中有一个就是学生不能像课堂授课一样，随时询问脑中闪过的问题。为了解决这个问题，我们在年初花了大量的时间培训学生如何高效地观看视频。我们鼓励学生在观看视频的时候关掉iPod、手机和其他分散注意力的东西。我们鼓励学生随时使用暂停键，这样就能记下课程中的关键点。此外，我们还指导学生使用康奈尔笔记法[①]来记笔记，确保他们能随时记录下自己的问题，并总结学习的内容。使用这种记录方法的学生在课堂上总会提出恰当的问题，能帮助我们有的放矢地解决他们的错误想法。我们还会利用这些问题来评估教学视频的有效性。如果所有学生都有类似的问题，那很显然是我们没有教好这一堂课，我们会做好笔记，重做或修改那段教学视频。

课堂开始时学生提出的问题得到解答之后，我们会给学生安排当天的任务。有可能是做实验，有可能是探究性活动，也有可能是定向问题解决活动，或是一次测验。因为我们一堂课的时段有95分钟，所有学生在一堂课上完成的活动通常不止一种。

我们还会像在传统模式下一样，批改作业、做实验和进行测验。但是老师在课堂上的角色发生了巨大的变化。我们不再是信息的展示者，而是更多地承担了辅导的角色。来自圣安东尼奥的老师莎莉·肯德里克也采用了我们的模式，她的经历或许是老师课堂角色变化的最好例子："我不用每天在学校重复五次同样的讲课过程，而是和学生交流，帮助学生。"翻转的最大好处在于

① 康奈尔笔记法，又称5R笔记法，是用产生这种笔记法的大学校名命名的。它包括记录（Record）、简化（Reduce）、背诵（Recite）、思考（Reflect）、复习（Review）五个要素。这一方法几乎适用于一切讲授或阅读课，特别是对于听课笔记，康奈尔笔记法应是首选。这种方法是记与学，思考与运用相结合的有效方法。

那些挣扎中的学生能够得到更多的帮助。我们在课堂里巡视，帮助学生解决一些他们不理解的问题。

传统模式下，学生来到教室时总有一些关于前一天晚上作业的问题。通常我们会用25分钟的时间来做热身活动，梳理一下学生不理解的问题。之后的30—45分钟里，我们会讲授新的课程内容，课堂剩余的时间用于独立练习或做实验。

• 翻转课堂案例 •

在翻转模式下，课堂时间进行了彻底的调整。学生还会提问关于课程内容（通过视频讲授）的问题，所以我们会在课堂开始的几分钟里回答这些问题。这样我们就可以解释一些错误理解，免得学生在练习中犯类似的错误。剩下的时间就用于大量的实践活动和定向问题解决的活动。（参见表2.1）

表2.1　传统课堂与翻转课堂的课堂时间使用情况对比

传统课堂		翻转课堂	
活动	时间	活动	时间
热身活动	5分钟	热身活动	5分钟
梳理前一天晚上的作业	20分钟	关于教学视频的问答时间	10分钟
讲授新课程	30–45分钟	学习指导、独立练习和/或做实验	75分钟
学习指导、独立练习和/或做实验	20–35分钟		

以亚伦的一堂化学课为例，我们来看一看老师的角色发生了怎样的变化。

亚伦的化学课在上课前一天晚上的学生家中就已经开始了。学生没有家庭作业，也不用阅读课本，只需要观看一段教学视频。所有的学生都会看一段视频，视频中由亚伦和乔纳森讲解第二天早晨课堂中将要使用的教学材料。

开始上课。亚伦很快地点了名，开始进入问答环节。学生就前一天晚上的视频提一些问题，亚伦则负责纠正学生的一些错误理解。大约10分钟之后，亚伦要学生取出练习册，其中很多问题和他们不久将要参加的化学考试中的题型类似。他带领全班一起分析几道例题，帮助学生回顾头天晚上学习的内容，并继续回答学生的一些问题。然后就是作业时间了。学生完成剩余的问题，亚伦则在教室里巡视，帮助有问题的学生。想要查看答案正确与否的学生可以询问这位课堂指导老师。

有实验要做的上课日，便不会分派任何视频。取而代之的是学生要在家完成实验前准备工作。课堂上，亚伦会解答任何与实验相关的问题，并强调安全事项。之后学生开始实验。在传统模式下，实验后的数据计算和结果讨论通常会被安排成家庭作业。然而在翻转课堂模式下，下一课的视频将作为家庭作业，而第二天课堂上学生将继续完成实验课。这样亚伦就可以在实验中回答学生的问题，帮助学习有困难的学生进行计算，并完成数据讨论。

等到考试日时，所有的学生都同时参加考试，并及时提问自己不懂的问题，这样老师就能及时纠正学生对概念的错误理解。最终，所有学生都要在4月底完成所有课程，做好5月参加考试的准备。这样，所有学生都能在确定的日子里准备好考试，并且都能按照同样的步调学习。

很显然，翻转课堂是围绕着学生展开的，而不是以老师为中心。学生要观看视频，问出恰当的问题。老师只需要提供专业的反馈。学生要完成作业，分享作业成果。因为有了高效的课堂指导，学生的学习动力增强了，再也不用死记硬背式地完成作业了。学生要充分利用课堂教师来帮助自己理解各种概念。老师在课堂上的角色是帮助学生，而不是传递信息。

在传统模式下教学总是令人精疲力竭的。老师感觉自己只能去“表演”，这不仅需要有精力，而且需要有热情，他们总觉得自己每时每刻都要像“在舞台上演出”一样卖力。在转换教学模式之后，我感觉自己完全轻松了。我可以走进教室，看着学生学习。这并不是说我可以舒服地坐着，喝喝咖啡，事实上我一直都在忙碌着，和学生进行一对一的交流；帮助那些学习有困难的学生；解决那些以往根本没时间解决的问题；真正地去了解学生。这样做了之后，教学开始变得越来越轻松。而且说真的，确实也应该如此。我不能逼迫别人去学习——学生必须自己承担起这份责任。这种方法使学生能够清醒地认识到这一点，并且懂得主动去为他们的成功提供良好的教学环境。

——詹妮弗·道格拉斯（佐治亚州梅肯　西区高中）

CHAPTER 3

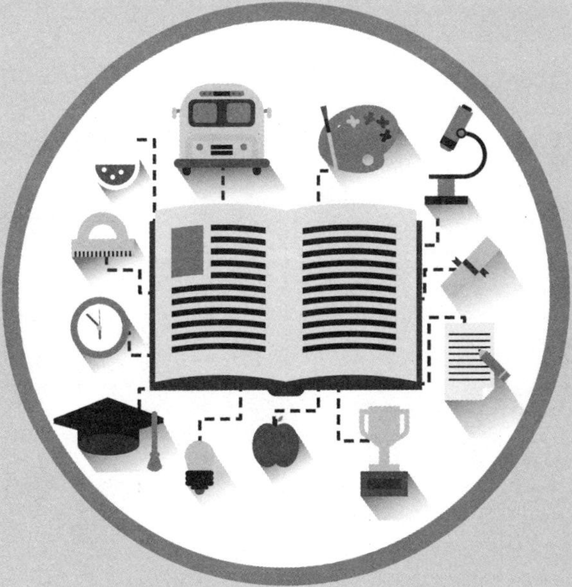

第三章

为什么应该翻转你的课堂

Why You Should Flip Your Classroom

翻转课堂改变了我们的教学实践。我们不用再站在学生面前，一口气讲上一堂课的时间。这一根本的变化使我们与学生在教学中的角色发生了变化。我们俩都用讲授模式进行了多年的教学。我们都是好老师。说实话，乔纳森还获得过数学和科学卓越教学总统奖，亚伦在翻转模式教学之后也获得了同样的奖项。但是，我们尝试了翻转课堂之后，发现再也无法在传统模式下进行教学了。

翻转课堂不仅仅改变了我们自己的课堂。世界各地都有老师采用了我们的模式，在各种不同的课程体系下教小学、初中、高中和成人。我们见证了翻转课堂给学生的生活所带来的改变。本章，我们将着重分析为何你应该考虑翻转你的课堂。

• 翻转课堂符合当今学生的习惯 •

当今的学生在网络环境中成长，生活在YouTube、Facebook、Myspace和各种其他数字资源的氛围中。我们经常会发现他们边做数学作业，边给朋友发短信、在Facebook上发即时消息、听音乐。这类学生中很多都会埋怨说，每天来到学校，他们就要关掉一切，闷起头来学习，因为学校禁止使用手机、iPod和其他电子产品。可悲的是，学校资金不足，绝大多数的电脑都很落后，运算能力远不及多数学生口袋里的电子产品——我们却不允许学生使用。

我们向教育工作者推广翻转课堂的时候，观众席中经常会发出惊呼，这些人基本都是那些没有在数字世界中成长起来的成年人。当我开始翻转课堂之后，惊奇地发现学生对此并没有任何的惊异感。经过两周的视频学习，学生很快习惯了这种学习方式。这些学生能很好地理解数字学习方式。对学生来说，我们所做的一切都符合他们的习惯。请不要误会，我们并不是说学生不欣赏这种学习方式，而是通过视频来教授课程对今天的学生而言算不上什么大不了的事情。

有些成人会担心在这种教学模式下，学生面对电脑的时间会增加，这也加剧了很多成年人与孩子的隔膜感。就这一点，我们要说翻转教学模式是在过滤视频/数字文化，而不是与之为敌。

难道现在不应该是拥抱数字化学习的最好时机吗？难道教师不应该利用数字化设备帮助学生学习，并告诉学生如何使用当今的数字化工具吗？

走进我们的教室，你会发现学生正在使用各种数字设备进行着各种活动。学生中有的正在使用教室里配备的电脑，有的正在使用自己的iPod，所有的学生一起学习一起实验，和老师进行交流。我们鼓励学生将自己的电子设备带到教室来，因为说实话，他们的设备比学校那些陈旧的东西要好得多。

• 翻转你的课堂不可取的原因 •

因为有人写了一本书告诉你该这么做。

你能对我们的书感兴趣真是令人受宠若惊，但在采用这种教学模式之前请一定要好好想想。

因为你认为这样能够打造21世纪特有的课堂。

应该是教育驱动科技，而不应反其道而行，这一点永远不能变。

因为你认为这样能走在时代前沿。

翻转并不意味着一定要采用最新的科技。

因为你认为翻转课堂能够免去你作为老师的责任。

教学远不只是传授丰富的课程内容。

因为你认为这样能使你的工作更简单。

翻转并不会使你的工作更简单。

• 让忙碌的学生不再落课 •

当今的学生真是忙，忙，忙。很多学生都在超负荷生活，一个活动接一个活动，没有休息。我们的学生都很珍视翻转课堂带来的灵活性。因为课程的主要内容是通过网络视频教授的，学生可以选择预先学习。乔纳森班上有一名学生是竞技体操运动员，经常要到其他州去比赛。她去参加比赛的时候，就会错过多半的课堂授课。但因为她的科学课采用的是翻转课堂，所以在这门课上她没有错过任何内容。有比赛的时候，她就会提前学习。等比赛归来时，她至少不需要为科学课担心。

亚伦班上有一名学生承担了很多的学生会工作。今年的返校节即将到来时，她需要提前为学生会的工作做准备。她提前一周完成了相关的课程学习，等返校节到来时，她还需要用亚伦上课的时间去准备返校节活动。这两名学生不仅学会了“充分利用翻转课堂”，同时也学习了一堂重要的人生课程——如何管理自己的时间。这些在传统课堂上都是不可能实现的，而翻转课堂则足够灵活，对学生忙碌的生活大有帮助。

我们有一些学生每天要从很远的地方来学校（有些乘地铁单程甚至要用一个半小时），这种模式使他们能随时随地学习化学。

我的学生中有很多学生要参加各种比赛，有了这种翻转模式的课堂，这样的学生就再也不会落课了。从长远看，翻转模式对每个人都有很大的帮助。

——布莱恩·班尼特（韩国首尔一所国际学校）

● 聚焦于每一个需要帮助的学生 ●

我们在传统教学模式下，得到最多关注的通常是那些最棒的和最聪明的学生，那些能够第一时间举手问出精彩问题的学生。与此同时，其余的学生只能被动地听老师与那些好问学生之间的交谈。但自从引入翻转模式之后，我们教师的角色发生了转变。整堂课的大多数时间里，我们都在教室里巡视，帮助那些苦于学习的学生。我们认为这或许是翻转模式下学生都得到很好发展的最重要原因。这样做并不意味着我们忽略了那些顶尖的学生，不过我们的主要精力不再聚焦在他们身上。现在我们更多的是在帮助那些需要帮助的学生。

● 让能力各异的学生变得更加优秀 ●

我们的特殊教育老师也很喜欢这种模式。因为所有的课程内容都是录制下来的，有特殊需求的学生可以反复观看视频，直到能够掌握其中的内容。学生不必再疯狂地记笔记，寄希望于课后再去理解。在翻转模式下，学生可以随时把“老师”暂停，重放，直到确保自己学会了所有重要的概念。

以前学习困难的学生中有一些学生表现得好多了（他们的父母是这么说的），因为我有更多的时间在课堂上与他们一对一交流，为他们讲解有疑惑的地方。

——布雷特·威利（德克萨斯州达拉斯　第一浸礼会学院）

● 让所有学生理解每一个知识点的秘诀 ●

作为老师，我们的课程通常都有一定的学时要求。学生需要学完一定量的知识，多半时候我们希望学生能听懂我们讲的课。但是，即便是最好的教师的班上也会有后进生，也会有听不懂或学不好授课内容的学生。翻转了我们的课堂之后，控制器便掌握在学生手中了。给学生暂停“老师”的权利实在是一件创举。

乔纳森的女儿也在他的一个班上上课，他看到女儿在家里观看一段教学视频，女儿突然大声对他说：“我真喜欢这些视频。”他问女儿为什么。他女儿说：“我可以把你暂停！”

暂停有着巨大的作用，其中有诸多原因。让学生整整齐齐地坐成几排，听着老师滔滔不绝地讲授他所教授的内容，这对学生来说并不是最有效的沟通方式。对有些学生来说我们经常讲得太快，而对另外一些学生来说我们又讲得太慢。学得快的学生一听便懂，余下的时间便只能枯燥地等待，而那些学习困难的学生则需要更多的时间来消化老师讲授的内容。当我们按下幻灯片的翻页箭头，总不可避免地会有一小部分学生嚷嚷着要翻回上一页。当我们给予学生暂停“老师”的能力，他们就能以适合自身的节奏学习。我们特别鼓励那些学习较慢的学生使用回放键，这样他们就能多次反复听老师的讲解。如果反复观看仍不理解，我们会在课堂上为他们单独讲解或针对小组进行知识解析。

另外，我们还有一些学生经常因课程进度太慢而百无聊赖。这类学生也很喜欢暂停功能，原因也有几个。这类学生通常是最忙碌的，他们总是在参加各种数不清的活动和比赛。

给这些学生暂停老师的机会，可以帮助他们做好时间管理。乔纳森的女儿就属于这一类的学生，她很喜欢暂停键，因为有了暂停键，她就可以把一堂课分成很多个较短的部分，按照她自己的计划去学习。我们甚至还有一些学生会双倍速观看我们的视频。这些学生接受教学内容的能力比多半人要强，尽管双倍速时我们的声音好像在吸氦气，但他们觉得这样可以更好地利用时间。

• 与学生及时沟通，让学生爱上学习 •

我们经常听到有人这么说：“这是一种了不起的在线教学方式，但我不想用在线课程取代课堂教学。”尽管翻转模式很可能改变在线教学的态势，但本书的目的并不是要宣扬此类教育方式的益处。我们都是课堂教学老师，每天都会见到自己的学生。现今多半学生还会走进学校，在学校里和老师、同学相见。

我们认为翻转课堂使教师能够利用科技增进与学生的交流。不过在此必须加以说明，我们并不是宣扬用在线指导取代课堂和课堂教师。事实上，我们坚信，翻转课堂是在线教育和面对面授课的完美结合，是很好的“混合”课堂典范。我们经常组织因同一部分内容而纠结的学生进行小范围的讲解和讨论。这类小范围的讲解和讨论的魅力在于能在学生准备学习的时候提供及时的帮助。

老师在学生的生活中起着至关重要的作用。他们既是权威的专家，又是学生的导师、良友和友邻。与老师面对面交流，是学生宝贵的财富。

我要感谢你和亚伦让我走上了翻转课堂的道路。一位校长助理注意到我的课堂模式，非常喜欢这种创意，当天就去找了校长，把我的做法讲给了校长听。他说每一位管理人员都应该看看这种模式，而我好像是学校里唯一实践这一理念的老师。校长助理想要我就此举办一个教师职业培训班，以便来年有更多的老师使用这种教学模式。

像我这样一名在预算吃紧的地区学校任教的临时教师，你们的方法帮我保住了一份可以做一辈子的工作。非常感谢你们两位所做的工作，感谢你们激发我在教学路上勇敢地迈上了一个台阶。总有一天我要去科罗拉多，当面感谢你们。

——马克·西格尔（新泽西州巴斯金里奇市）

● 鼓励学生向老师敞开心扉 ●

我们作为老师，在学校里不仅要教学生课程内容，还要激发和鼓励学生，倾听他们的心声，帮助他们树立美好的愿景。我们一直认为好的老师应该与学生建立起密切的关系。学生在生活中需要有成人做他们的榜样。我们希望能够成为这样的榜样。在翻转课堂之前，我们与学生之间已经建立起了良好的关系，而翻转模式使我们与学生的联系更加紧密。

这一切都要归因于更多的师生交流。我们开始采用翻转课堂的那一年，就鼓励学生通过短信与我们交流。多半时候短信内容都是“能帮我讲讲这个问题怎么解吗”或是“下一周的学习目标是什么”。因为我们两位老师是一起制作的教学视频，所以多半学生不会单单把乔纳森或亚伦当作老师，而是把我们两人都当成他们的老师。很自然的，有一部分学生和亚伦更亲近，有些学生则更喜欢乔纳森。有一天，亚伦的一名学生开始给乔纳森发短信。最开始短信都是关于科学课的问题。不久之后，短信的语气开始变了。乔纳森意识到这名学生是在寻求帮助，于是带他来到心理咨询室。后来才知道，这名学生被赶出了家门，遭遇了严重的个人问题。尽管不是因为有了翻转课堂才有这种师生关系，但这种模式营造了一种积极的环境，使学生能够与老师及时交流，并得到必要的帮助。

● 建立积极互动的学习氛围 ●

翻转课堂的最大益处之一便是整体交流增加了，师生之间，学生之间都增进了交流。因为老师的角色从课程内容讲授转变为教学指导，使我们能够有时间与孩子们交流。我们回答学生的问题，和他们一起进行小组学习，单独指导每一名学生的学习。

学生在完成一项作业的时候，我们注意到有几名学生都在同一个问题上遇到麻烦，这时我们便会把这些学生组织起来，进行小组辅导。

由于教师的角色变得更像是导师，而不是简单的课程内容讲授教师，这使我们有更多的机会去观察学生之间交流时的情况。我们在教室里巡视时，注意到学生会建立起自己的互助小组。学生在学习上互相帮助，而不再是单纯地依靠老师来学习知识。能够有这样的观察机会真是棒极了。我们经常惊讶于学生学习互助时的和谐与高效。

有人或许会问我们是如何建立起这种学习氛围的。我们觉得最关键的是要求学生将学习而不是将完成作业作为目标。我们刻意在教室里安排了一些地方，用于学生进行有益的活动，而不只是完成作业。当我们如此尊重学生的时候，他们通常都会有所回应。他们渐渐会意识到我们在课堂上是引导他们学习的导师而不是权威的授课教师。我们的目标是要学生成为最好的学习者，真正理解课程的内容。当学生意识到我们跟他们站在同一战线时，他们就会用最好的表现来作为回应。

• 翻转使真正的差异化教学成为可能 •

当今学校面临的诸多难题中有一个便是，一个班上学生的能力水平千差万别。课堂上会有各种各样的学生，有的非常优秀，有的非常普通，有的对我们教授的内容吸收得特别快，而有的连书都不会读。翻转了课堂之后，我们得以知道我们很多学生都非常需要帮助，而翻转课堂使我们能够帮助到各种不同能力的学生。

因为在翻转课堂里，我们多半时间都在教室里走动，帮助学生，所以可以对每名学生进行个性化辅导。对于那些能够迅速理解课程内容的学生，如果他们能够证明自己已经理解了某个主题，我们就会减少他们做题的数量。这些学生对此举非常赞同，因为他们意识到我们并不喜欢加大课业负担，而是更关注他们的学习效果。

对于那些学习困难的学生，我们则着重让其理解重点内容。我们发现课程对很多学生而言很难，学起来并不轻松。对于这些学生，我们会经常抽空调整他们的任务，只要他们完成重点习题就可以。这样一来，学习困难的学生就能学到核心的内容，而不至于陷入难度等级更高的题目中。

在我读大学和研究生的时候，听闻学生的学习方法和节奏都各有不同。我在学习的时候接触到了差异化课堂的概念，但从来都没有弄清这个问题：只有我一个老师，25名学生的课堂，需要上12种不同水平的课程，到底怎样才能实现差异化教学。

当听说有人制作教学视频的时候，我即刻就想到这便是我需要的，它可以帮助我创造25个我……有了这些，孩子们就可以根据自己的需求自由地调整学习节奏，或快或慢。在传统课堂上，我还会因为这样的事情感到异常沮丧：学生没有任何准备就去参加考试和测验，成绩一塌糊涂，而之后我们也没有时间顾虑学生的表现，只能继续下面的课程。现在，我可以利用课堂时间，对学生经常疏漏的问题进行详细的解答。

——梅丽莎·德容（南达科他州苏福尔斯　罗斯福高中）

• 改善学生的课堂表现 •

在传统教学模式下，课堂上经常有根本不听讲的学生。这些学生会引人分心，这样就不可避免地影响到其他学生的学习。通常说来，他们要么是感到无聊，要么就是一点都不守规矩。当我们翻转了课堂之后，发现了一些令人惊异的变化。因为我们不再是站在讲台上对着孩子们说教，于是很多课堂管理上的问题都自然而然地消失。在课堂上，需要有观众捧场的学生失去了观众，因为课堂时间基本上由学生支配，或是动手活动，或是分组学习，那些扰人分心的学生再也无法让其他学生分心了。他们要么没有观众搭理，要么心甘情愿地投入到学习中去了。

只要我们能用有趣的课堂内容吸引爱开小差的学生，课堂效率就会越来越高，很多课堂的管理问题也会消失不见的。

• 和家长一起找出学生不爱学习的真正原因 •

我们应该都还记得很多学生家长经常会问及他们的孩子在课堂上的表现。其实他们问的问题都是这样的："我的孩子在课堂上安不安静，是否尊敬师长，有没有举手回答问题，有没有影响其他同学？"学会回答这些问题的技巧当然是好的，但当我们刚开始翻转我们的课堂时，回答这些问题真是有些棘手。

你瞧，这些问题在我们的课堂上根本就不算问题。因为学生来到课堂上的首要关注点是学习，这其中只有两个真正关键的问题：是不是每名学生都在学习？如果不是，我们能做些什么来帮助他们学习？这是意义深远的两个问题，当我们和学生家长探讨这些问题的时候，我们会把讨论的关注点集中在帮助家长理解他们的孩子如何能够成为更好的学习者。

学生学习不好，究其原因可能有千万种。有些学生可能没有掌握足够的知识；有些学生可能因为个人问题影响了学习；还有些学生可能更愿意“混学校”而不是真正学习。当我们（家长和老师）分析出孩子没有学习的真正原因时，就可以在适当的时间采取必要的干预措施。

• 翻转课堂会让更多的人受益 •

当我们在家长和教师的交流会上与家长交谈时，发现了一件令人惊奇的事情。很多家长说他们喜欢我们制作的视频。我们随即问：“你们也看过我们的视频？”原来，好多家长都陪着孩子一起看我们的视频、学习科学。这也引来学生和家长对我们课程内容的有趣讨论。随着其他老师也开始采用我们的这种翻转模式，这种情景在全国各地都可以见到。其他老师也给我们讲述过类似的家长群体受教的故事。

几年前我们参加过一次会议，其中一位主要发言人是一名幼儿园教师，她给我们讲述了这样一个故事。她在一所多民族混合的学校里教学生英语。要提高学生的阅读能力，很关键的一点是要有人读给他们听。这位老师获批买了一些iPod Nano，她将自己和其他人读书的声音录了下来，分发给学生。那些初学英语的学生就会把iPod Nano带回家，对照着相应的课本，听老师录下来的故事。

iPod在学生中的使用率非常高，她注意到每次学生还回来时，电几乎都是用光的。她知道电量可以维持很久，于是把自己的困惑说给了学生听。后来一次家长和教师的交流会上，一位母亲对她说，真的很抱歉用光了iPod的电。这位母亲又告诉这位老师，不仅她在听录音，就连孩子的祖母、姑姑，乃至整个大家庭都在听。这位老师的音频文件所教育的人群远远超过了她的想象。

学生家长给我的反馈都很积极。翻转课堂使学生家长能够积极帮助自己的孩子，因为这些家长也在观看视频。有些家长一开始认为我这样不算是在教学，因此他们对这种模式有点抵触，但后来他们逐渐认识到我在这种教学方法下与孩子一对一交流的时间增加了很多，于是也渐渐接受了我的这种教学模式。

——布雷特·威利（德克萨斯州达拉斯　第一浸礼会学院）

● 翻转可使课堂变得透明 ●

当今有一些人对学校教育不够信任，而翻转模式敞开了课堂的大门，允许公众一探究竟。我们的视频都挂在网上，我们的学生家长和很多人都能免费观看。父母不再对我们在课堂上讲授的内容心存疑惑，只需用鼠标点击一下就能看到我们的课堂内容。

不管我们喜欢与否，现在的学校都在争抢生源。我们学校就有一些学生转入了邻近的学校，其中原因多种多样。多数转走的学生是因为家长误认为我们学校比邻近的学校学术氛围要淡一些。把我们的教学视频和我们的课堂指导过程放到网上，公诸于众，为我们赢回了一些转校的学生。

● 当无法出勤时，翻转将成为教师最得力的教学工具 ●

我们学校在城郊，很难找到合适的代课老师。我们在找化学课代课老师的时候遭遇过不少难题。我们最开始录制教学视频并放在网上的时候，只是简单地把我们在学生面前讲课的情形录下来。后来我们忽然有了一个主意，如果提早知道要缺勤，就可以提前把上课的内容录下来。乔纳森要离开小镇参加一个婚礼，便想这样试一试。他坐在电脑前，把平时上课的内容录了下来。这样的替代方案很简单，学生只需打开液晶显示投影仪和视频文件，点击播放就可以了。学生和平时一样记笔记，就好像他在教室里一样。利用这种方法，学生的课程一点都没有落下。他们在应当上课的日子完成了当天的课程。

这种方法已经在全国乃至全世界得到了推广。我们学区的一位小学老师在无法出勤的时候就预先为学生录制了教学视频。这样可以确保学生按照他预定的思路学习，而且等他回来时也不必重新再教一次。代课老师也很喜欢这种方法，因为学生的学习都是按照他们自己老师的思路进行的。我们甚至还知道全国各地都有科学课老师使用我们的视频作为无法出勤时的替代方案。

• 循序渐进的通达翻转课堂模式 •

我们现在早已经不只是翻转我们的课堂了，而是采用了通达翻转课堂模式，在这种模式下，学生完全可以按照自己的节奏来学习课程材料。学生不必在同一个晚上观看同一段教学视频。学生观看视频和学习的步调形成异步系统，以掌握课程内容为目标。需要特别说明的是，我们并不是一开始就采用了通达翻转模式，而是在抛弃传统教学模式两年后才开始尝试。整个过程经过了若干年的调整，我们也建议对翻转课堂感兴趣的人能循序渐进，逐步改变。

CHAPTER 4

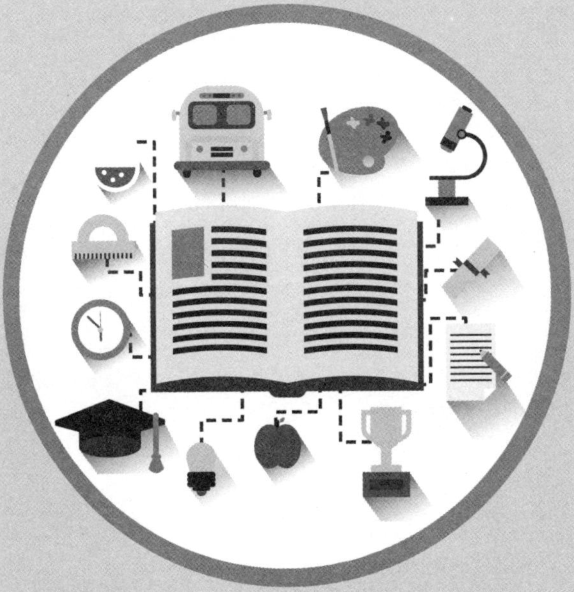

第四章

如何施行翻转课堂

How to Implement the Flipped Classroom

在本章中，我们将重点关注施行翻转课堂的一些步骤，包括制作或搜寻高质量的视频。同时我们还会为你提供翻转课堂相关的建议。

• 家庭作业：观看视频 •

在使用视频教学之前，请认真考虑视频是否能达到理想的教学效果。如果视频适合，然后再开始着手制作。如果视频不适合，那么制作一段视频就只是单纯的视频制作而已，别无他用。这样做对你的学生反而有害，是典型的“为科技而科技”的例子。只有当科技是解决手头任务的有效工具时我们才能够有效地加以利用。利用你的专业判断，问询同行和指导老师，甚至可以问问你的学生，你的视频材料是否真的对学生有用。

老师在翻转课堂的过程中面临的最为严峻的问题要数寻找或

制作高质量的视频了。我们遇到过一些老师，既熟悉高科技产品，又喜欢在镜头前拍摄。如果你属于这一类人，那么就可以略过前半部分，直接翻到“制作你自己的视频”那一节。另外还有一些老师可能没有时间制作自己的视频，或不太擅长科技产品，或在电脑屏幕前不太会表达。如果你属于这一类人，我们建议你在翻转课堂的时候使用其他人的视频。

• 使用其他老师的视频 •

刚开始翻转课堂的时候，使用其他老师的视频或许是最佳之选。或许你想要开始翻转课堂，但苦于没有时间自己制作视频。或许你并不是很擅长在屏幕前讲课，或者你不太会使用录影设备。我们在录制教学视频的时候，坐在教室里，对着电脑和彼此说话。这比对着活生生的观众教学要难得多。学生不在场，因此我们就需要假想眼前有观众。我们不想只录一些干巴巴的视频，使学生失去学习的兴趣，所以便要把视频做得有趣些。如果你发现一位很有才华的老师已经做好了你所要教的教学主题的视频，不要拘束，取用便是。不久前，我们开始在网上销售我们制作的化学课视频。很多想要翻转他们课堂的老师就没有自己录制视频，而是直接使用我们的。另外还有一些老师买了我们的视频，选了其中一部分用于翻转课堂教学，另外自己也录制了一部分。随着

YouTube和其他各种视频网站的兴起，视频的数目在不断增多。其中很多视频都可以用于翻转课堂。

不管你的课程主题是什么，关键是要找到高质量的视频。你要到哪里才能找到高质量的视频呢？这可不是一个简单的问题。根据你的课程主题不同，可能要到各种不同的地方去搜寻。不过，随着在线视频资源的爆炸式发展，搜寻此类视频会变得越来越容易。

随之而来的有一项附带收益，学生们发现可以自己在网上搜寻教学视频。这对学生来说是一项非常了不起的学习技能，因为他们承担起了学习的责任，懂得想方设法去寻找自己需要的信息。这些孩子成长于数字时代，让他们学会掌控时代，自己去寻找需要的信息是非常重要的。

——布雷特·威利（德克萨斯州达拉斯　第一浸礼会学院）

• 制作你自己的视频 •

我们使用“视频”这个词的时候，多数老师会想到上课的时候一台摄像机对着他们。尽管这种方式在某些情境下是很有效的，但我们认为制作翻转课堂使用的视频有更好的方法。我们使用一种名叫Camtasia Studio的屏幕录像工具，可以捕捉到屏幕上的一切内容，我们的声音，通过小型摄像头录下我们的脸，还有用数位笔记录的注释。对有数学问题需要解答的课程，数位笔这一功能尤其有用。在我们描述解题思路的时候，在幻灯片上预先摆上的一些数字，远不及用笔即时写上的那么生动形象。此外这种软件还有一些其他功能，例如画中画功能，插入简短的视频，以及很多可以改进视频质量的后期处理选项。

在接下来的文章里，我们将探讨预先录制视频课程需要的设备和步骤。如果你想要翻转你的课堂，但很担心没有时间制作视频，那么可以考虑用一年的时间来录下所有的现场讲课过程。只需要每堂课开始时按下“录制”键，下课时按下“停止”键，一年的时间，你就可以建立起一套视频库。有了这些之后，你再决定如何使用这些视频，以及如何重新安排课堂。这种方法不需要任何附加的工作，所需的花费也很小，最重要的是，它是通往翻转课堂的最简单的方法。

制作视频的设备

我们的视频制作起来很便宜。我们只需要屏幕录像软件、一台电脑、数位板输入装置、一个麦克风和一个小型摄像头。现在多半的新电脑都有内置麦克风和摄像头，所以你只需要购买数位板和软件即可。

屏幕录像软件。屏幕录像软件可以捕捉到电脑屏幕上的一切内容。如果你在演示一段PPT，这种软件就可以把你的演示内容记录下来。如果你在浏览网页，这种软件就可以捕捉到网页。如果你在电脑屏幕上做注释，它还可以记录下笔画的书写过程。如果安上麦克风，这种软件还能录下声音。屏幕录像软件有很多种。有些是免费的公开资源，有些专门用于Windows系统的电脑，有些用于苹果电脑，还有一些用于Linux系统。我们现在用的是Camtasia Studio。我们选择的关键不是纠结于使用哪种软件，而是找到一种适合你的程序。

手写注释。在以数学运算为基础的科学课堂上，我们发现笔记注释的功能是不可或缺的。我们需要在屏幕上写东西。最初我们使用的软件是微软Powerpoint。其中的屏幕书写功能我们用得很多。现在我们开始试着使用SMART软件，因为最近我们的教室里引入了交互式电子白板（**SMART board**），而所有的交互式白板软件中都有手写功能。

如果你的视频中需要手写注释，硬件的选择也很多。这类设备的价格差别很大，有不到60美元的USB数位板，也有超过4000美元的交互式白板。还有很多制造商生产可接入电脑的数位板。这类设备中最广为人知的要数Wacom Bamboo。其次的选择是无线手写板。这类手写板种类很多，价格通常在200至400美元。这些设备和有线的手写板用起来是一样的。如果老师们希望录制讲课现场的过程，我们建议选用无线手写板。无线手写板的优势是，你讲课的时候可以在教室里四处走动。

平板电脑。老师还可以选用平板电脑。这类设备有内置的手写功能。坦率地说，我们对平板电脑并不太感兴趣，因为你要在买电脑之外额外花钱购买。乔纳森最早在2001年买了第一个无线手写板。从那以后，他先后换了7台电脑——但最开始的那个无线手写板还在用。如果最初他买的是平板电脑，那到现在恐怕也要换上7台了，这样比购买一个无线手写板再更换7台普通个人电脑要贵得多。

交互式白板。交互式白板设计的初衷是方便做笔记注释。我们认识的老师中有很多老师在使用交互式白板录制课程。这种设备唯一的劣势是，你需要在教室里才能录制。但有时候老师们想要随时随地灵活地录制教学视频，比如在家里，在亚特兰大的一家酒店房间里，在华盛顿特区的国家广场上，在对翻转课堂感兴趣的大学教室里，于是有一些使用交互式白板作为主要设备的学校会购买一些USB手写板，让老师能够随时随地制作视频。

麦克风。麦克风的价钱和功能也各有差异。现在多半的笔记本电脑都配有内置麦克风。但是依我们的经验来看，这些麦克风多半质量都不太好。我们建议你先录一段音，播放听一听，然后再做打算。你也可以在电器用品店里花上10美元买一件外置麦克风。这类麦克风质量并非特别好，但很好用。外置麦克风有一个好处，就是不会像内置麦克风一样，连点击鼠标和触控屏的声音都录下来。

我们刚开始录制教学视频时，是做的现场录制。我们想要在教学时能够走动，所以便选择了无线设备。用50美元就可以买到很多相当不错的无线麦克风。我们发现游戏玩家玩Xbox时使用的那种USB耳麦非常好用。我们最开始录制的时候，发现所用的麦克风很难同时将我们两人的声音都很好地录进去。于是我们开始搜寻录音音质更好的麦克风。我们发现一种USB麦克风，录音音质近乎工作室里的专业设备，我们对它的表现非常满意。我们将翻转课堂模式介绍给外语言老师时，他们对声音精确度要求特别高，要求能够捕捉到语音和语调的变化。他们对便宜的麦克风都不满意，后来买了一套高质量的麦克风。

摄像头。现在多半的笔记本电脑都配有内置摄像头，基本也可以满足需求，但或许还是需要再买一个补充一样功能。我们经常使用的那个摄像头具有画中画功能，可以插入那些课堂上不宜展示（或太危险，或用时太长）的科学实验示范。我们录下讲课视频，暂停一会儿，将摄像头转向科学试验示范，然后按下录像键，继续视频录制。

录像软件。我们使用的录像软件有画中画功能。这个功能我们非常喜欢，在记录的同时可以捕捉摄像头录下的授课人影像。录好一堂课的内容之后，我们会用编辑功能调整画中画的大小和位置。最开始我们还担心这样会使学生分心，但后来和学生交流时，学生说很喜欢在录像中看到我们的面庞。“这样就不会感觉像是空洞的声音在和我们说话——而是实实在在的一个人在讲课。”

摄像机。我们开始试验摄像头之后不久便意识到，在屏幕录像之外加入新的元素是非常有价值的。屏幕录像是我们的教学视频的骨架，而在其中加入一些简短的摄像机镜头则是很有力的补充。我们从一家大型零售店里买了一台数字摄像机，一有空就会录一些短片。这些短片中有的是关于科学实验的：有时会把一些物品点着，然后拉近镜头观察化学现象。另外我们还会随时随地拍摄生活中的一些科学现象。这样一来，我们就把日常科学世界带入了学生的视野。乔纳森去秘鲁的时候，他的儿子帮助拍了一段视频，录下了乔纳森解释安第斯山脉地形特点的短片。我在华盛顿特区参加会议时,会在史密森尼国家博物馆的希望钻石（Hope Diamond）前面录一段关于钻石化学特性的短片。

我们花在翻转课堂设备上的钱并不多，最开始是手写板，然后又买了些软件，后来又慢慢补充了质量更好的麦克风、独立摄像头，最后又买了一台数字摄像机。制作自己的高分辨率视频已经不是一件花费巨大的事情。任何人都可以花很少的钱做出很好的视频。

制作视频的几个阶段

我们制作视频的时候分四个阶段：准备工作、录视频、编辑视频，最后是发布视频。

1. 准备工作。首先确定课程的目的，分析视频是否便于达到该堂课的教学目标。如果视频课并非最好的方法，那么**请不要继续下面的步骤**。如果是最好的方法，请继续。记住，翻转并不仅仅意味着为课堂做视频。尽管多数翻转了课堂的老师都采用视频作为教学工具，但也有一些老师应用了该书所述的全部教育理念，却没有使用过任何视频。我们开始翻转的时候，已经经过多年积累，有了不少上课用的PPT文档。我们只需用摄像机把这些幻灯片录下来就可以了。我们建议最开始的时候，你也用已有的材料来录视频。在翻转的探索之路上刚起步时，我们并不像现在这样对应该或不应该录制的内容有所认识。我们把以前课上讲过的内容都录了下来。翻转模式渐渐成熟后，我们也开始把一些冗余、低效的内容从视频库中剔除。在不断制作视频的过程中，逐渐将现有材料加以调整，使其更适合屏幕录像。过不了多久，你就会对所使用的屏幕录像软件特性适应过来，并根据这些特性来安排课程。比如说，如果你想要添加视频片段，就预留出一张空白幻灯片，在讲述的课程内容之后插入片段。如果你知道要用数位笔做计算，就留出一张空白幻灯片用来写字。如果你想用计算器，就在幻灯片上留下计算器演示的位置。想使用摄像头，就一定要确保屏幕上有可以放置摄像头的地方。你最终的视频越复杂，所需要做的准备工作就越多。

2. 录视频。录制视频需要坐在电脑或交互式白板前，配备麦克风、摄像头、手写设备或一台摄像机。你只需要对空气“讲课”，偶尔停顿一下，筹划下一步该讲什么或修正一个错误。我们发现有些老师更习惯于使用一份脚本或提纲来讲授课程，这样也没问题。不过，我们没有写脚本。主要有两个原因：(1) 幻灯片足以充当提纲的作用，我们作为老教师可以即兴发挥，讲授课程；(2) 一份讲课脚本会影响我们的应变性和创造性。我们希望课程更加口语化，不要太过正式。学生告诉我们，他们更喜欢我们两人一起录制的聊天式教学视频。因此，我们会挤出时间一起来录制视频，以满足学生的需求。不过，我们的视频时间有些长，而有脚本或指导提纲的视频则会短一些。还是那句话，了解学生所需，按需给予。

3. 编辑视频。对视频的编辑可以随你掌控。最开始录制课程视频的时候，我们没有做任何后期编辑。我们只是录下了讲课过程，然后发布出去供学生使用。后来，我们发现了后期编辑的重要作用，现在都会在视频编辑上用相当多的时间。编辑的过程非常耗时，但通过这个过程，老师可以剥离原视频中的错误。同时在编辑过程中，老师还可以通过可视化提示来强调、强化录像中的内容，帮助学生理解知识。编辑过程中，你可以插入视频短片，更改画中画的设置，对屏幕的某些部分进行缩放，可以插入文本插图（回想一下20世纪90年代初期的VH-1电视台的弹出视频[1]），我们将在接下来的段落里讨论这些视频要素。商业电影制作人制作视频时，用在编辑上的时间比拍摄还要多。作为课堂上授课的老师，我们知道自己没有太多的时间用在编辑视频上。尽管我们也会做视频编辑，但所用时间不会超过录制视频的时间。我们做视频编辑的首要原则是：我们是想要这段视频完美无缺，还是想要在周二使用？

4. 发布视频。自己制作视频的老师会遇到一个大问题："我该把视频放在哪里供学生使用呢？"这个问题对不同学期、不同学校和不同的老师都有不同的答案。每所学校的IT部门情况都有所不同，每所学校的设备使用政策也不同。我们现在会把视频放在网站上、内部服务器以及教室里的电脑里，我们还会把视频刻

① VH-1弹出视频是VH1电视台的一款电视节目，在音乐视频的画面中"弹出"气泡，气泡上写着各种琐事、妙语和明星逸事。

成DVD光盘，分发给上不了网的学生。你如何来解决这个问题还要看学生的需求，看他们有什么电子产品，看他们能否登录网络观看视频。有太多不同的方法将视频转发到学生手中。我们的建议是选用一两种能满足学生需求的方法，做好做精。

• 如何做出学生喜欢的视频 •

你已经准备好要制作自己的教学视频，也有了相应的设备，打算尝试着翻转你的课堂。我们在此要提一些建议，帮助你把教学视频做得更好。首先你要知道，不可能第一次尝试就做出好的视频，这需要不停地锻炼，不断地尝试，还需要很多的练习。对于有些视频有效的做法，用在其他视频上可能就不行了。我们最开始做自己的教学视频时效果并不是太好。过了一段时间，我们做的视频就好多了。给自己一些时间，你也能为学生做出高质量的教学视频。下面有几点规则，我们称作视频制作准则。

1. 视频要简短。我们教育的是YouTube一代，他们喜欢“一口能咽下去”的东西。如果你教他们二次方程公式，就只教二次方程的公式。不要教他们别的内容。我们最开始制作教学视频的时候，视频长度和平时上课讲课的时间一样。我们讲的课多半都有多个主题。在课堂环境下这样做没有问题，但在视频教学中，我们发现必须坚持每个视频一个话题的原则。我们尽可能将视频控制在15分钟以内，争取控制在10分钟以下。我们有个口头禅叫作“一个视频一个主题”。

2. 嗓音要生动。制作这些教学视频的时候，你一般会使用某种展示软件（PowerPoint、Prezi、Keynote、Smart Notebook等）。除了幻灯片之外，你仅有的可以与学生有所联系的就是手写笔和嗓音了。语调要多变，使视频令人兴奋一些。当我们对软件的使用渐渐熟练了之后，在电脑前录像的时候就越来越放松，表现得也越来越像真实的自我。如果你选择在给学生讲课的时候现场录制视频，那么语调会更为自然。但是，如果你是对着电脑录视频，生动、有趣的语调就尤其重要。乔纳森会故意变音，偶尔会混杂着俄语、德语、法语、意大利语、苏格兰语或不明所以的方言语音。有些学生觉得这样很有趣，经常会在不经意间被混合的方言逗乐。如果第一次所做的视频不是很好也不要气馁，做多了之后就会好起来的。我们要学会拥抱这个学习的过程。

3. 与另外一位老师共同制作视频。对于观看者而言，两位老师通过对话的模式进行讲课，比一位老师单独讲课要更有意思。在听广播的时候我们就很少听到单一主播主持的节目。想想早晨上班的路上，上次听到广播中只有一个人的声音是什么时候？广播电台早已认识到对话形式远比单人主持更吸引听众。我们的学生也是这样对我们说的。两个人（两种声音）比一个要好，学生会学得更多。因为我们两个人都有很长的教学经验，我们知道学生在哪些话题上会遇到极大的困难，因此我们两人中经常有一个扮演正在学习课程的学生，另一个扮演相关的专家。学生说这样的对话有助于他们理解学习材料。

这也是吸引其他老师一起加入翻转课堂的好方法。乔纳森从2009年开始引导新入校的老师使用通达翻转模式教学。2010年我们学校所有新入校的科学课老师都开始了翻转之旅。多数时候，他们都直接使用乔纳森的视频。但后来乔纳森渐渐开始和不同的老师一起制作视频。和别的老师一起制作教学视频的时候，乔纳森负责技术问题，而其他老师则扮成专家（他们也确实是专家）。这样一来，其他科学课老师也加入到视频制作的过程中了。有一些老师开始不愿意采用翻转模式，因为他们害怕使用制作视频的科技设备。现在和乔纳森合作之后，他们发现自己只需要负责对话，乔纳森会把一切录下来给学生看。

4. 加入一些幽默。我们在视频中有一些反复使用的笑话。通常我们会在每段视频的第一分钟讲这些笑话。学生有的喜欢这些笑话，有些则并不喜欢。因为他们知道这些笑话会在视频的第一分钟里出现，那些喜欢我们怪异幽默感的学生可以收听，而那些不喜欢的学生则可以快进跳过。在一个视频系列中，我们有一个反复使用的笑话，讲的是乔纳森想要找出一件乐器做表演。他把乐器试了个遍，都用得很差。最后他拿起了一个口琴，吹奏得相当不错。这样的内容会给视频增添一些趣味性和一丝丝的荒诞感，可以帮助学生保持兴趣。

5. 不要浪费学生的时间。我们看过一些老师制作的教学视频，视频中老师整整讲了五分钟他喜欢的足球队。学生在自己的时间里看这些视频，老师喜好的足球队这类话题完全是浪费他们的时间。请一定要把关注点放在课程主题上。

6. 添加注释。把你的屏幕想象成有炫酷照片的白板。利用可以手写注释的设备在上面留下笔记。如果不可以添加手写注释，我们或许根本就不会开始翻转课堂。因为我们主要教授化学课，所以需要某种数字黑板来手写一些内容。解决复杂的化学问题经常需要写很多步骤。请找到一个可以在屏幕上手写内容的电子工具，使翻转课程成为现实；至少对我们而言是这样的。

7. 添加文本插图。我们做了不少后期编辑工作，其中有一项就是添加文本插图。文本插图可以是文字框，可以是某种图形，也可以是其他类似的物象，会在视频中出现一会儿，然后消失。我们的学生发现文本插图对他们很有帮助，因为这些插图可以使他们把注意力集中在视频的关键要素上。我们还会利用文本插图来展示解决一个问题的几个步骤。我们在录制视频的时候会说明这些步骤，但还会在文本插图中通过视觉冲击强化学生的记忆。

8. 缩放部分内容。在后期制作过程中，我们会把屏幕中的某个部分放大。屏幕上重要的内容有时只是其中某一部分。缩放屏幕能够便于学生更好地理解知识。比如说，当我们解决一道数学问题时，我们会放大屏幕上的计算器。再比如，我们想要突出屏幕上的一部分画面时，就可以把这一部分放大。缩放不仅可以强调某一部分内容，而且可以整理屏幕布局，帮助学生集中注意力。

9. 不侵犯他人版权。因为这些视频很可能被放到网上，一定不要违反版权法。我们不是版权律师，也没接触过这方面的专业知识。请咨询相关领域的专家，确保不触犯他人的版权。

• 高效利用课堂时间 •

等你建立起翻转课堂并做好自己的教学视频之后，你会发现自己有好多空余的时间，这恐怕在你的教学生涯中都不曾有过。这就引出一个所有采用翻转课堂的老师都会问到的问题：“空余的这些课堂时间该用来做些什么？”最近我们在不列颠哥伦比亚省出席一个会议，我们做展示的时候，一位年轻的老师问起一个很有见地的问题：“如果我采用你们的模式，课堂上剩余的时间我们该干些什么呢？”她意识到课堂上大部分时间里她都站在讲台上，讲授课程。如果她“讲授”的内容预先录制了下来，那么她每天该做些什么呢？这个问题引起了很热烈的讨论，焦点是哪些活动能够真正使学生参与其中。

尽管教学视频吸引了很多的注意力，但翻转课堂最了不起的好处并不在于这些视频，而是在于每位老师都需要重新评估和调整课堂上的时间。我们将直接授课指导转移到课堂外完成后，课堂上就可以进行更高质量、更多参与度的活动了。我们看过其他老师采用的翻转课堂模式，不同的课程内容、地点和教学风格会导致老师利用这些课堂时间的方法也千差万别。我们问过一些同事，要他们分享一下自己是如何改变课堂时间的。下面是其中的几例。

外语课

在外语课堂上，老师录制了语法课视频和会话的开头，这样学生就能在课堂上更多地使用语言。他们可以进行更多的对话，阅读文学作品以及写故事，所有这些都是用目标语言进行。我们旁听过他们的一堂课，发现学生都在积极地使用西班牙语聊天。他们根据老师的指导进行会话交流，全都是使用西班牙语。之后他会问学生一些问题，学生则会用西班牙语回答。他告诉我们，这些视频使他得到了解放，可以在课堂上更多地做些实践类的活动。

数学课

有些数学老师利用课堂时间切实地帮助学生深入分析数学概

念。另一些老师则将时间用于探究数学魅力和新兴科技。在这里，学生不仅学习了数学运算，而且更深入地体会了错综复杂的数学概念。翻转数学课堂成为连通运算思维、探究性学习及与其他STEM（科学、技术、工程、数学）领域的实验室。

科学课

最近关于翻转课堂有一个重要的关注点在于翻转是否与科学课教学的探究性学习相兼容。我们和其他一些科学课老师可以响亮地回答“可以”。翻转科学课课堂为探究性学习创造了更多时间和机会。在科学课课堂上，采用翻转模式的老师有时间安排学生更多地参与到探究性活动中，并进行更具深度的实验。在化学教育圈里，POGIL（过程导向型指导探究性学习，Process Oriented Guided Inquiry Learning；www.pogil.org）成为学生在没有直接授课指导的环境下对概念性问题进行理解的重要工具。翻转课堂便是此类学习的理想模式，而且我们在课堂上也加入了很多POGIL活动。如果一项编排很好的POGIL活动能够良好施行，学生便可以通过探究性学习指导的帮助学到所有需要学习的内容，这样也就没有必要再用视频去教他们了。在这种情况下，我们会使用POGIL的活动作为指导工具代替教学视频。不过，我们发现有些学生还是会继续使用我们的教学视频作为辅助思考的备用资源。

社会科学/语言艺术/人文课

社会科学课指导老师称他们用富余的时间，根据前天晚上的教学视频，对时下的重大事件进行探讨。另一些老师用这些时间对原始文档进行深入研究。课堂上学生有了更多时间进行辩论，演讲，开展模拟法庭，更深入地探讨所学的知识，也有了充足的时间写文章，甚至有了更多的时间通过同学互评来分析和讨论其他同学的文章。

体育课

我们惊奇地听闻最热衷于翻转课堂模式的老师中有一些是体育老师。这支充满活力的教师队伍意识到翻转课堂在他们的课程上有很好的运用前景。他们告诉我们，体育课最重要的是要学生动起来。体育老师说他们用了太多的时间教学生运动规则和运动技巧之类的事情。当老师用摄像机制作了规则视频之后，学生来到课堂上很快便可以动起来，参加到重要的体育活动中去。

基于项目的学习

另外还有一个关注点是翻转课堂是否能适应以项目为基础的学习。这一次，我们又要高兴地说“是”。我们很喜欢以学生兴趣为动力的探索性学习。我们多数人都没有如此操作的外在环境，但从教育的角度来说，这种做法很诱人，也有巨大的益处。想象一下课堂以学生认定的问题或学生的兴趣为导向是怎样一幅图景。学生在探索真实世界里的问题，并思考解决方法，他们也许会突然之间意识到需要先学会某种数学函数的解法才能实施他们的解决方法。

老师现在面临一个抉择。她是要利用宝贵的课堂时间，冒着聪敏的学生无聊、学习困难的学生迷茫的危险，用一整堂课来教学生如何恰当地进行数学运算？还是制作一份教学视频（或是找到一份已有的视频）按需分给学生，不要牺牲课堂时间来做直接的授课指导？亲近高科技工具，采用翻转课堂中学生导向的课程内容异步学习方法，来决定学习哪些内容可以建立一种兴趣驱动的学习氛围。老师没有必要再花时间重新介绍各种已经很完善的概念，只需简单的介绍，让学生加以学习就可以了。

学生创造的课程内容

翻转课堂给了学生更多的时间去创造自己的东西。当今的学生可以有很多方法来创造各种课程内容，证明自己理解了各种主题。他们可以写博客、制作视频、制作播客，创造出很多不同的教育产品，从而建立起自己的知识体系。我们在学生创造的课程内容中看到了巨大的价值。

CHAPTER 5

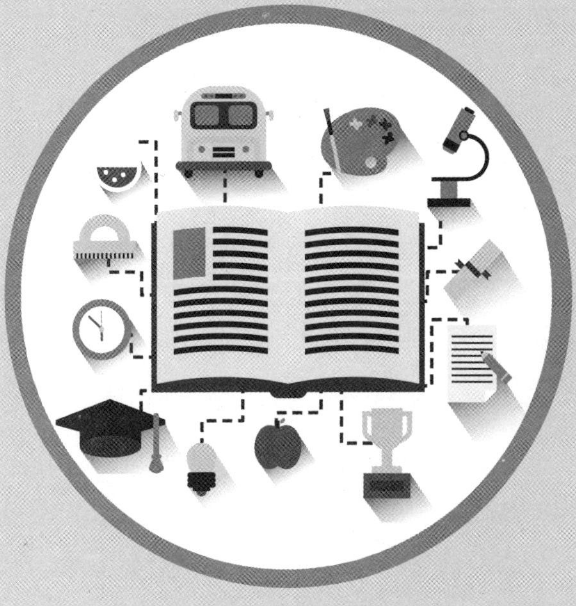

第五章

通达翻转课堂

The Flipped-Mastery Classroom

• 通达学习，让所有的学生都学得很好 •

通达学习已经存在了很久。最早出现是在20世纪20年代，后来直到20世纪60年代，经由本杰明·布鲁姆的宣传才引起些许的关注。他将现代教育机构比喻成一场比赛，只有跑得最快的人才能获得嘉奖。他辩称只要时间充足，且有足够的帮助，几乎所有的学生都可以掌握所有的课程内容。有研究表明，通达学习模式若用得好，80%的学生能够学会所有重要的课程内容，这比传统模式下的20%要高得多。

通达学习的基本思想是要按照自身节奏进行一系列的目标学习。不是所有学生同时学习一个课程主题，每一名学生都按照各自预定的目标进行学习。通达学习通常在知识离散型的课程中使用，掌握一个学习目标对于后续的学习是不可或缺的。

通达学习的关键组成部分包括：

- 学生或组成小组或个人单独以合适的速度进行学习。
- 老师有评估学生和衡量学生理解程度的系统标准。
- 学生在总结性评估中证明自己对课程目标的掌握程度。没有掌握指定课程目标的学生需要再做补习。

多数关于通达学习的研究都显示这种学习模式能够提高学生的成绩。此外这种模式还会带来其他好处，包括增进了学生之间的合作，增强了学生的自信，学生有了再次证明自己掌握了指定学习目标的机会。20世纪70年代，通达学习引起了巨大的关注，但现在已经基本被学校采用的现行教育模式所取代。多数学校发现通达教学系统很难实现，因为老师必须不断地重复讲课的内容，老师不仅要写很多不同的评估报告，同时还要评估很多不同的课程主题。

但现在我们早已经不是60年代和70年代了。科技大爆炸使通达教学中的许多困难变得易于克服。一般说来，我们需要做的就是利用科技使通达学习成为可能。我们预先录制的教学视频使老师重复讲授变为学生反复观看视频。多半课堂主题不再需要老师现场去重复教授。学生只需重新观看教学视频就可以了。这样一来，老师就可以利用更多的有效时间去教授那些需要额外辅导的学生。

此外我们还利用科技解决了通达模式下需要无数考试的问题。我们的评估都是通过电脑来进行管理的。每名学生的评估方式都不同，但评估的课程目标都是相同的。此外，学生每次参加的考试都与上一次不同。现有的科技设备使课程评估变得更加简单。批改这些评估试卷耗费的时间也大幅降低，因为多数考试问题都是通过电脑评判的。大量的需要人工批改的纸质试卷再也没有必要了。

• 什么是通达翻转课堂 •

通达翻转课堂以通达学习为主旨，将教学与现代科技结合，打造可持续、可复制、可管理的学习环境。如果走进我们的课堂，你会发现有各种异步活动在进行。基本上，所有的学生都在不同的时间进行着不同的活动。我们的学生都在忙着自己的学习。你还会看到有些学生在做实验或做其他探究性活动，有些学生在他们的个人设备上观看教学视频，有些学生组成小组学习课程目标，有些学生在使用交互式白板进行在线模拟教学，有些学生在小组讨论，还有些学生在学校的电脑或自己的设备上做评估习题。你还会看到有些学生正在与老师进行一对一交流或小组交流。

如果你完整地旁听过我们的一整堂课，你就会观察到几件事情：刚开始上课的时候，我们会查看谁可能需要做一下实验，谁需要进行一次测试，谁需要重复学习某个课程主题。你会看到我们在教室里巡视，与学生交流。我们每天、每堂课都会和所有的孩子进行交流。如果某个学生或某组学生在准备做实验，我们就会花几分钟的时间和他们讨论一下实验的关键点，重要的安全事项以及应该或者不应该出现的实验现象。如果学生准备观看科学示范，我们就会把一组学生组织起来，展示这个原理，并进行后续讨论。如果学生对某个特定的课程主题还有疑问，需要再回顾一遍，你就能看到我们通过交互式电子白板或是直接围坐成一桌进行讨论。如果某个学生在总结性评估的时候表现出对某个课程主题的理解还有不足，我们就会和他一起分析测试题目，并单独为他补习，以便他能够彻底理解所学内容。有时，我们还会为那些学习困难的学生提供其他形式的测试，或是允许这些学生创造出一种方法来证明自己掌握了课程主题。

你或许会问，我们怎么同时与这么多孩子进行如此多的活动。坦率地说，这正是我们需要努力的地方。我们不停地在教室里来回巡视，特别关注那些需要帮助的孩子，确保所有学生都在恰当的时候学会适宜的知识。我们把这称作“学习的三环马戏”，因为有太多的活动在同时展开。而真正看看我们一天的工作，甚至应该称为“十环马戏”。在通达翻转课堂模式下进行教学非常累，我们的头脑需要不停地在多个话题、多个活动之间转换。

• 高效教师必须具备的技能 •

为了能够在通达翻转模式环境下成为一名高效的老师，我们认为老师应该具备以下几个特点。

老师应该精通课程内容。一位对课程内容不熟悉的老师不可能用好通达翻转课堂。在不同课程主题间转换的能力是必备的，对课程各部分内容的整体理解也是非常关键的。

如果学生的问题老师不知道答案，必须勇于承认并愿意和学生一起寻找答案。自尊心只会放缓老师的脚步，对学生的学习造成损害。老师应该利用这种机会来佐证学习者的真正含义：老师是教室里的学习带头人。老师应该向学生展示成年人在不知道答案的时候是如何做的，教他们学会协作，引导他们在共同的知识海洋中遨游。

老师必须能够适应一堂课里非线性的工作特点。所有的学生对学习目标的掌握程度和理解程度都各不相同，老师的作用便是要针对每个学生的学习进度加以辅导。通达翻转模式的师生契合点是老师在学生需要的时候出现，而不是学生在预先安排好的地方参加老师的授课。

老师必须放手让学生自己掌控学习过程。老师必须明白一点：所有学生都应该学会如何掌控自己的学习进度。老师不能将自己的意志强加到学生的身上，要学会尊重学生的学习。

● 通达翻转课堂不可或缺的组成部分 ●

通达翻转模式听起来就很累人，你或许会认为这需要太多的工作。让我们分开来研究一下组成通达翻转模式的核心部分。在开始通达翻转模式之前，我们必须关注这种模式的五项不可或缺的部分。

建立明确的学习目标。学习目标是每名学生期望达到的学习成果。你可以根据国家的教育体系，所在州的教学课标以及结合自己的职业判断，来决定你想要学生了解的知识和掌握的技能。

确定这些学习目标中哪些适合通过探究性学习来达成，哪些适合通过直接授课指导来达成。针对那些可通过直接授课指导达成的目标，制作一段教学视频。你可以自己制作视频，也可以搜寻和你想授课的内容及授课方式类似的视频。记住，随着时间的推移，越来越多的老师开始采用翻转模式的课堂。这些老师中很多都会把自己制作的教学视频放到网上，所以你制作或者不制作自己的视频皆可。如果制作视频令你困扰不堪，那就用别人的吧。

确保学生能够取用视频。不管你是自己做的视频还是选择使用其他人的视频，现在要做的就是确保你的学生能够取用这些视频。有很多方法可以做到这一点，比如把视频放到网上，放在学校的服务器内网上，或是刻成DVD光盘。你还可以咨询学校里的技术部门，看看哪种方式最适合你的情况。我们将在第七章探讨通达翻转课堂模式的细节时论述这个问题。

把课堂上需要完成的学习活动汇总于一处。我们为每个单元做了一个学习包，其中有观看视频后的跟进学习笔记，学生将要完成的实验，还有建议完成的工作单。

总结性评估要做成多种版本，充分证明学生掌握了每一个单元的每一个学习目标。最有效的方法是使用电脑生成的测试题库系统。我们现在使用的是Moodle的测试模块，用以制作、管理我们的评估题目。（第七章中将详细探讨。）

在每个单元的学习包开头，我们会编写一个总纲，列出一系列的学习目标、相应的视频、需要从课本上阅读的课文、需要完成的学习活动以及需要做的实验。我们的总纲就像一幅地图，引导学生越过单元的学习之路，为他们提供恰当的学习框架和辅助性活动，以帮助学生达成他们的学习目标。下面就是我们所做的总纲示例。

原子理论单元——总纲

原子-1

目标：能够论述原子理论的历史

参考：视频1；课文：5.1；工作表：原子理论1

需要完成的活动：阴极射线管演示（不在学习包中——看老师安排）

原子-2

目标：能够辨清质子、中子和电子数，以及原子的名称

参考：视频2；课文：5.2、5.3；工作表：原子理论2

原子-3

目标：理解原子量、同位素和平均原子量的概念

参考：视频3；课文：5.3；工作表：原子理论3

需要完成的活动：Vegium[①] 原子量测试实验

原子-4

目标：理解元素周期表的基本结构

参考：视频4；课文：5.4；工作表：原子理论4

需要完成的活动：给你的元素周期表做评注

① Vegium是为教学目的而虚构的一种元素，有三种同位素。

原子-5

目标：能够解释原子模型

参考：视频5；工作表：原子理论5

需要完成的活动：神秘的管子实验（不在学习包中——看老师安排）

原子-6

目标：解释现行量子力学模型下的原子及电子关系

参考：视频6；课文：13.2；工作表：原子理论6

需要完成的活动：原子理论6的工作表

原子-7

目标：能够画出所有元素的电子排布

参考：视频7；课文：13.2；工作表：原子理论7

原子-8

目标：解释光的波属性

参考：视频8；课文：13.3；工作表：原子理论8

原子-9

目标：解释光如何显示出电子在原子中的“位置”

参考：视频9；课文：13.1；工作表：原子理论9

需要完成的活动：焰火试验

原子-10

目标：计算光的波长、频率、能量和“颜色”

参考：视频10；课文：13.3；工作表：原子理论10

原子-11

目标：能够比较出原子和离子的大小

参考：视频11；课文：14.2；工作表：原子理论11

原子-12

目标：比较不同原子的电离能

参考：视频12；课文：14.2；工作表：原子理论12

原子-13

目标：对比不同原子的电负性

参考：视频13；课文：14.2；工作表：原子理论13

需要完成的活动：画元素周期表

CHAPTER 6

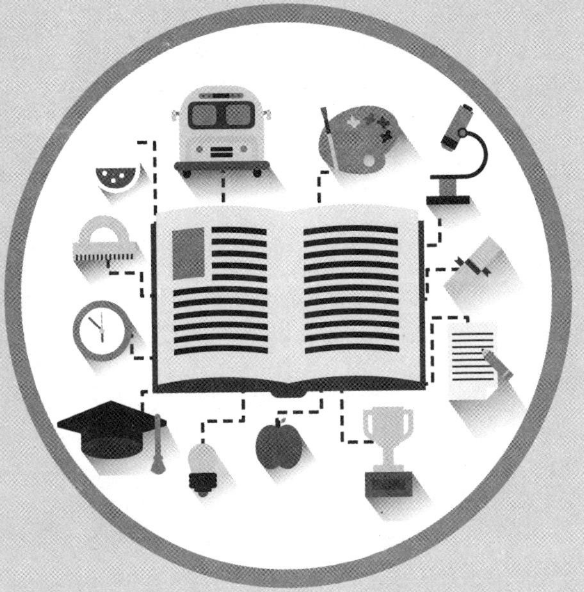

第六章

为什么要推广通达翻转模式

The Case for the Flipped-Mastery Model

现在你已经熟悉了通达翻转模式，或许你会自问为什么要施行这种模式。要建立这种课堂模式看起来需要耗费不少精力，而你也不确定这种模式在你所处的环境中是否可行。我们在为什么应该翻转你的课堂一章中所提到的理由，在这里也基本适用，而且通达翻转模式比翻转模式还要有更多的益处。通达翻转模式彻底改变了我们的课堂，改变了我们对教育的认识，改变了我们与学生交流的方式。下面是我们再也不想回归传统教学模式的一些原因。

• 教会学生承担起自己的学习责任 •

我们刚开始开发通达翻转模式的时候，并没有意识到这种模式会彻底改变我们职业生活的各个方面。我们的教室现在是一片教育的试验田，在这里学生承担起了自己学习的责任。我们在传统模式下教学时，学生只是“坐着听课”。学生等着我们告诉他们该学什么，如何去学，什么时候去学，怎样向我们证明他们学会了。对有些学生来说，这种做法是可行的，但另外一些学生则会漫不经心地走神。

有了通达翻转模式，学习的责任就落到了学生身上。有一些学生还是第一次听到要承担起自己学习责任的这种要求。学习再也不是强加在他们自由之上的枷锁，而更像是一种等待探索的挑战。老师放开对学习过程的控制，由学生接手，学习成了学生自己的事情。

有一学年刚开始的时候，乔纳森班上有一名学生，只想“坐着听课”——因为这样很轻松，以往她在学校也是这样做的。她虽然身在学校，但心早就跑到社会活动那边去了。她只想稍微费一点神，得个及格成绩就行。或许在传统教育模式下她还可以这么做，但在通达翻转模式下，她需要向老师证明自己已经掌握了知识。第一学期她一直都在和乔纳森对着干。乔纳森坚持要她学习那些概念，甚至还有几次逮到她作弊，但几次沟通之后，乔纳森还是让她证明已经理解了学习的内容。久而久之，她慢慢意识到如果她接到一项任务之初便努力去学习，那么学习就会简单很多，耗费的时间也不会太多。她有能力，但兴趣不是很浓厚。大约过了两个月，她终于认识到学习值得她付出时间和努力。她选择将学习放在首要位置。她体会到这一点后，便开始在课程来临之前观看视频，对学习过程全身心投入；她针对每个视频问老师的问题也越来越深刻，最终，她成为乔纳森班上进步最大的几个学生之一。

这个故事并不是特例。最开始学生会感觉奇怪，这种不同寻常的系统是“怎么回事”。但随着学生欣然接受这种模式之后，他们也开始对学习、知识的本质以及自己在教育中的角色有了成熟的理解。我们科学课上的学生多半不会成为科学家、工程师或医生，但当我们教育他们承担起学习责任的同时，也教会了他们人生中最有价值的一课。

我偶然读到你的文章时，正在尝试使我的学生从被动模式转为主人翁模式。翻转课堂真是完美的解决办法。

——詹妮弗·道格拉斯（佐治亚州梅肯　西区高中）

轻松实现个性化和差异化的教学方法

我们开始施行通达翻转模式的时候，完全不知道会发生什么。我们没有读参考文献，没有做案例调研，也没有获得学校教务处的准许。因为我们认为这样做对学生有好处，于是便行动起来了。我们误打误撞竟然找到了轻松实现个性化和差异化教学的方法。

差异化在当今的教育界是个非常时髦的词汇。我们和各地的老师交流的时候，他们多数都承认自己在差异化教学上做得不是太好，因为他们没有那么多的时间和精力去满足每一名学生的个体需求。大课堂，时间有限，他们已经不堪重负了。他们承认会按班上学生的平均水平来进行授课。如果他们教授某部分课程内容太快，那么后进的学生就落后了；如果他们教得太慢，学得较快的学生又会感觉无聊。

通达翻转模式使直接的授课指导得以异步进行，因此也使得差异化教学成为可能。课堂的节奏对每名学生都恰到好处，学生也得到了个性化的教学。比如说未来想要成为一名工程师的蕾切尔，把证明自己掌握了某项课程主题的作业交给了老师。她是我们最优秀的学生之一，准备申请全国最好的几所大学，将来成为改变世界的工程师。如果在她的作业中，哪怕只有一点点错误，我们也会把作业退回去，让她找到错误并加以改正。而如果是化学学起来一直都有困难的莎莉交上同样的作业，我们的标准就会有所不同。我们会先检查一些会影响后续课程目标学习的关键内容，看看莎莉是否已经掌握。如果这些关键内容她都掌握了，我们可能就会放过一些小的错误。

我们需要指出通达翻转模式下的一些限定要求。我们总是很小心，在学生切实掌握了某个学习目标之后，才会让他们进行下一步的学习。如果放松了这一点，就只会使他们在未来遭遇失败。此外，这段故事听起来好像我们在年初把学生分隔开来，然后按照先入为主的印象来对待学生。在通达翻转模式下，我们经常与学生进行交流，对他们很了解，因此可以不断地调整我们对每名学生的预期。我们知道学生并非编程所造出来的机器，而是有着不同背景和需求的个体。作为老师，我们的工作就是要时刻关注他们的背景和需求，本着对每名学生有益的原则，引导学生达成理想的结果。通常，我们对每名学生进行的差异化、非正式的形成性评估[①]都有所不同，而我们对每名学生的要求标准也每天都在变化。

> 我想要教会学生自己调节学习的节奏。学生经常会把考试作业成绩看得比真正理解课程材料要重要……通达模式迫使他们切实地理解课程材料，并在考试中得到更高的分数。
>
> ——布莱恩·班尼特（韩国首尔一所国际学校）

• 让学生的学习成为课堂的中心 •

走进一间教室，老师站在讲台上讲课。课堂的中心是什么？是老师。如果老师很有活力，可以很清楚地讲解一个课程主题，

① 形成性评估（Formative Assessment）：在某一主题下对学生学习情况进行的连续性评估，是一个与总结性评估（Summative Assessment）相对的概念。

学生就非常幸运了。但即便是这样，课堂的焦点还是在老师身上。

“学校的要旨在于学习。”这是我们的一个学生所说的，也正是通达翻转模式的核心。我们的课堂已经变成了学习的试验田，课堂的关注点在于学生所要学和不必学的知识。我们不用再像以前一样，讲授课程资料，安排一些额外的学习机会，组织测验，期望着学生能得到最好的结果。在通达翻转模式下，学生来到课堂时就已经有了明确的学习目标。我们为学生提供了学习所需的各种工具和资料，帮助他们做出计划，安排学习的时间和方式。剩下的事情就全靠学生自己了。

我们的课堂更像是在交谈而不是讲课。学生来到课堂是为了继续学习或证明已经掌握了学习目标。当学习成为课堂的中心之后，学生就会像老师一样努力工作。这说明学生的头脑已经被学习所吸引，不再是被动地接收信息。

为了能够完成教育的关注点从老师到学生的转变，我们把教室称作“学习空间”。“教室”这个词也带来了负担，强调了老师在其中的中心地位，令人眼前不禁浮现出这样的画面：老师站在讲台上，手里拿着粉笔，向学生讲授知识。在教室里，老师讲课，学生听讲。老师“授课”的同时，还要寄希望于学生能够去学。

我们作为老师，把教室称作“学习空间”之后，就迫使我们改变旧的思维方式。我们和学生讨论更改这个名称的时候，他们意识到学校的要旨在于学习，而不是授课。当学生认识到为学习而学习的力量时，我们的学校就变成了一个神奇的学习空间。

• 即时给学生反馈，减少老师的文书工作 •

之前我们提到的具有一定程式的非正式测试方式免除了老师收作业、批改作业的麻烦。此外，学生也不必等待几天甚至几周才能得到某项作业的反馈。

通常情况下，学生会把已完成的作业带给老师看，与老师就学习目标中的关键点进行交流。在此类交流中，我们会查看学生的学习情况。我们不再把学生的作业带回家批改，而是当着学生的面“批改”他们的作业。学生确认不理解的地方，我们便和他们一起探讨，并安排课程活动来纠正学生的错误理解。如果学生证明已经掌握了学习目标，我们就会帮助他们做下一步的学习计划，掌握下一步的学习目标。这段交流的时间非常有效，可以纠正错误理解，促使聪明的学生挑战进一步的学习目标。学生经常会孤立地完成一项学习目标，却看不到这个目标与其他关键主题之间的联系。这种一对一或小组讨论的形式能使学生的理解和认识更为深入。

德克萨斯州的老师布雷特·威利采用了通达翻转模式，最近发布了一条推特，讲述学生对需要自证课程内容理解的反应。他们说："威利先生，还是不要让我们讲课程内容给你听容易些。我们还是像以前一样考试好吗？"学生对通达翻转模式的反应证明了要深入学习是需要花费很多功夫的。通达翻转模式下的学生很快便意识到课堂上不能混日子而要积极努力。

我们的学生在教室电脑上做单元测试。我们所用的测试程序可以即时评分，并给他们反馈。每次测试之后，学生都会通知我们，我们则会和学生一起评阅这次考试，然后进行一次交流，讨论他们已经理解和没有理解的内容。通常我们能够看出错误问题的分布，并依此为学生制订恰当的补习方案。学生不必再等老师把考卷带回家，批改，退还给他们，然后用整整一堂课的时间来做试卷分析。每名学生都能得到及时的反馈，对快速纠正他们的错误理解至关重要，也不会妨碍学生对学习目标的掌握。即时的反馈是通达翻转模式的一项关键要素，因为学生必须掌握当期的学习目标才能继续下一个单元的学习。

我决定把课堂弄得更像是一次挑战或一种游戏。课程不是分成单元，而是"关卡"，学生要去升级。通过考试变成"解锁下一关"。我觉得这样听起来会不错，比"嘿，看，只要你完成这些工作表里的任务，就能参加测试啦！然后就能有更多的工作表去完成啦"要好得多。使用Desire2Learn软件，每当学生通过考试或考试不及格时都有弹出窗口通知我。我真希望能够录制这样一段视频短片，里面有各种不同的人说："干得漂亮，化学课学生，你已经成功清除这一级别。"这样是不是很酷？下一个通过考试的人就会变得非常令人兴奋！

——詹妮弗·道格拉斯（佐治亚州梅肯　西区高中）

• 为学生提供补习的机会 •

并不是所有学生都能在第一次尝试时就能证明自己掌握了课程目标。如果学生第一次没有学明白，后面会发生什么呢？在传统课堂上，教学进度会依然向前推进，不管学生到底听懂或是没听懂。课堂的推进节奏由老师决定，根据某日应该教授的课程材料来安排。在这种模式下，有些学生越来越落后，他们的成绩很差，而且会因为学得慢而受罚。我们不会惩罚学得慢的学生，反而会给他们足够的机会去重新学习，加以补习。

由于可以即时给学生提供反馈意见，节省下来的时间便可以用于与学生一道讨论，找出学生错误的理解和不明白的概念。我们在教室里巡视，随时根据学生的学习进度给予反馈。我们会来到一名学生或一小组学生面前，询问或查看他们在做什么。然后我们会查看学生的成果或通过引导性提问来检验他们的进度。如果发现他们的理解有问题，我们会立刻加以纠正。这种即时的反馈可以把学生的很多问题消灭在萌芽状态。

通常，在进行每个单元学习时，都会有学生因某些特别的学习目标而受挫。我们会确认哪些学生有类似的问题，然后和他们一起组成小组，再做一次简短的补习课。据有些学生反映，这样的特别关注是他们学习中最美妙的体验。学生参加单元测验的时候，肯定会有人成绩不理想。这些学生会单独与老师会面，找出最好的补习方法。我们注意到这些学生要么是没能把各个知识点联系起来，要么是没能掌握关键的概念。一旦这些问题都厘清了，学生就可以继续学习下面的课程了。

● 让学习途径变得更加多样化 ●

最近我们接触到全方位学习设计（UDL，Universal Design for Learning），这种学习理论源自哈佛大学。UDL的基本宗旨是为学生提供多样化的表现手段、多样化的表达方式和多样化的参与方式。

我们关注的核心问题是学生能否掌握课程目标。我们发现并不是所有学生通过我们的视频学习都能得到最好的学习成果。为了能为学生创造多样化的表现手段，我们为学生提供了其他可供选择的学习方法。除了教学视频、作业和实验，每一个系列的学习目标都对应着学生用书中的相应章节。很多学生可以通过我们的视频学习，另外有一些学生可以通过教科书学习，还有一些学生可以通过网络搜寻出学习相关的信息。一种教学工具是不够的，如果学生不愿意，我们也不再要求他们必须观看我们的教学视频。

允许学生选择学习的方式为他们带来了巨大的动力。学生意识到学习是他们自己的责任。教会学生这个人生道理比我们的科学课内容更为重要。学生可以自由地选择最适合自己的学习策略。由此，学生能够发现最佳的学习方法。我们给学生自由选择学习方式的机会的同时，也给了他们学习的主人翁意识。

我们给学生安排的任务使他们可以用多种不同的方式证明已经掌握了学习内容。以往我们会要求学生完成每一项任务的每一个问题，直到我们满意。现在我们已经不在意学生如何学习，我们只想要他们学会。我们为学生提供适宜的教学视频、工作表和实验安排，我们认为这些资源可以帮助学生掌握学习目标。我们要求学生向我们证明正在学习掌握的每一个学习目标。

在传统教学模式下被认为是失败的学生，央求我“动员”其他老师也采用这种教学方式。从来都不听讲的学生突然听起了我们的教学视频——按下播放键使他们有了主管的感觉——主动开始学习了。而且这种方式对于那些学得很快的学生也很有效——他们喜欢在学习上领先同学一步。此外，特殊教育环境下的学生也能在老师的帮助下学习课程材料，老师因学生能够理解教学材料而激动不已。学生真的很喜欢自主选择按何种顺序来完成自己的学习任务。每次授课我都会安排一些辅助任务（实验、工作表、小型项目）。有些学生想要先听听课程内容，然后再完成工作表中的任务，之后再做“有趣的事情”（实验）。而有些学生只想按顺序去做。他们都可以按自己的喜好选择顺序，他们也很享受这种权利！我很少看到有学生坐在那里无所事事。因为学生可以自主选择去做什么，所以他们也会更愿意去做。那些需要一些额外鼓励才会开始学习的学生则会得到我的帮助——而且不会影响班上其他学生的进度。

——詹妮弗·道格拉斯（佐治亚州梅肯　西区高中）

• 给予学生充分的选择权 •

UDL的关键要素中我们还采用了一种方法，就是给予学生多样化的表达方式。这些表达方式要灵活，并允许学生选择。我们刚开始施行通达翻转模式的时候，坚持要求学生在单元测试的时候能得到75%以上的分数。

我们反思过去评价学生的方式后，发现一个统一的检测标准并不适合所有人。我们与学生进行了讨论，给了他们几种可供选择的方式来证明自己对课程目标的理解。现在我们允许学生选择多种证明自己掌握了课程目标的方式，包括

- 总结性单元评估
- 口头讨论

- 详细的幻灯片展示
- 简短的视频陈述
- 用文章形式证明自己已经掌握了课程目标
- 其他由学生开发出来的方法

最近，乔纳森班上有一名学生问，对最近学习的知识是否可以只做讨论，不用详细地写出来。尽管写作有其价值，但他的解释完整而透彻。他已经理解了学习的内容，但口头讲述对他而言更简单一些，同时也发挥了他的口述技巧。

乔纳森有一名学生给他发短信，问做一个视频游戏作为评估作业可不可以。乔纳森根本不知道学生会做出怎样的作品就同意了他的提议。这名学生叫尼克，树立了创新型评估的标杆。之后几天，尼克来到教室，把电子游戏机连到交互式电子白板上，点击了运行，尼克讲解游戏时，我们都惊呆了，而且通过这个游戏也能看出他已完全理解掌握了学习目标。乔纳森惊喜异常，立刻给亚伦发了短信。他太兴奋了，短信都写得读不通，亚伦只能来到乔纳森的教室一看究竟。亚伦来到教室时，学生正在展示他自证理解课程内容的创造性作品，看到这番展示，亚伦也像乔纳森一样惊得目瞪口呆。亚伦立刻取出摄像机，记录下这个案例。之后不久，乔纳森的学生就吵嚷着要玩这个游戏，有的学生甚至问如果打通了这个游戏的各个关卡（学习目标）能不能算作测试通过。这名学生最近甚至还决定加入我们的高级研讨课程，他会制作更多iPad和iPod版的测试游戏。他希望把这些宝贵的财富留给林地公园高中未来的学生，最终卖给苹果公司的应用商店。

亚伦班上有一名学生很不适应电脑测试，于是便选择用文章形式手写出他对每个课程目标的理解。他总能清楚地表达他的理解，而且总能提出与教学视频或作业中不同的数学模型例子。很显然他理解了这些概念，但只是不适应在机选考试中证明自己掌握了知识。

这些学生都能明确地证明自己对学习目标的掌握，但如果我们没有采用通达翻转课堂，并结合UDL的准则，这些情况都是不可能出现的。

• 教师角色的改变 •

通达翻转模式改变了老师的角色。老师不再只站在讲台上传授信息，成为关注的中心，而是做起了对老师而言最重要的事情——帮助学生，带领小组讨论，与学习困难的学生一起学习。我们在教室里巡视，查看学生对关键学习目标的掌握情况。这种模式下的老师角色，我们能想到的最好类比就是辅助型教练了。我们需要在学生学习的道路上鼓励他们。学生需要一位教练在身旁，在探索知识的道路上指引他们。我们有了更多的机会去鼓励学生，告诉他们哪些做得对，并纠正他们的错误理解。

此举改变了课堂的活跃性。课堂时间成为学生的学习体验，而不是下载、上传知识的过程。我们开始施行翻转模式的时候，乔纳森非常不适应放弃授课的日子。他是个很好的授课老师。但过了一段时间，他看到所有学生都在认真地学习，即便让他放弃所有的讲课机会，他也无所谓了。

• 让学生体会到学习的价值 •

你的班上有多少很会“混学校”的学生？他们来上课更想要的不是学习而是为了取得成绩。他们通常是最先要额外学分的学生，考试中也不像那些深刻理解了课程内容的学生，只是通过死记硬背回答问题。可悲的是，我们的教育体系总是用回忆信息的能力来评价学生是否成功，因此在一定程度上误导了这些学生。尽管他们在考试时能回想起那些信息，但并没有真正理解那些知识。

这类学生进入我们的通达翻转模式课堂后，会非常沮丧。他们用了很多年学会了混学校的把戏，却没有掌握真正的学习能力。通达翻转模式迫使他们去学习而不是去记忆。我们在这类学生身上看到了巨大的成长。他们刚开始上我们的课时非常沮丧，课程结束时则变成了一位真正的学习者。

有些学生对改变的过程充满了怨言，十分沮丧。这些学生多半时候会因为我要求他们重新完成做得不好的测试而抱怨。他们只是想做完学校要求做的事情，根本不关心自己到底有没有理解学习的内容。

——梅丽莎·德容（南达科他州苏福尔斯　罗斯福高中）

• 量身打造易于操作的通达翻转课堂 •

我们在最近的一次会议上得到了某位践行者的有趣且正面的反馈。他说通达翻转模式很容易上手，在多种不同的教育环境下都可以轻松复制，并进行量身打造。在职的老师把通达翻转模式看作是一种简单易行的教学工具。

几年前，科罗拉多州前教育主管德怀特·琼斯来我们学区视察。乔纳森恰好在我们的中心办公室，被请去聊一聊通达翻转模式的相关情况。琼斯对这种模式非常感兴趣，想要了解更多。我们带他来到我们的教室，他和一名学生聊了几句。之后，琼斯给的评价很有趣："所有这一切竟然都发生在林地公园高中！"他又补充说，竟然不是在一个更大一些、更富有、"更高级"一些的学区里。重点就在于此：如果像我们这样一个只有极少资源的小镇上都能做的事情，在任何地方都是可行的。

就这一点再多讲一些，我们最早施行通达翻转模式是在化学课上——课上有危险的化学用品和诸多安全问题！我们在全国各地分享通达翻转课堂，当听说我们是在化学课上发展出的这种模式时，多数人都认为我们疯了。但是我们看到了这种模式的潜力，恰巧我们又是化学老师，而且觉得这样的模式对孩子是最好的。而且我们做对了！如果通达翻转模式能在一个没有任何资源的小镇上施行，能在危险的化学课上施行，那么它就可以在任何地方施行。

● 增加学生与老师面对面的时间 ●

我们开始使用通达翻转模式的时候，有部分家长说出了他们的担心，怕师生之间的交流会减少。有一位家长说得很好："我得承认最开始我很怀疑这种翻转模式。我害怕这样会减少老师与学生的直接接触，而关于课程的一些问题也会得不到解答。我很高兴的是自己想错了。你们的方法反而增加了教学时间，而我对我儿子现在的表现也很满意。"通达翻转模式使师生之间的交流大幅增加。

有些家长开始抱着怀疑的态度，因为他们以为我不会再在课堂上与学生交流。经过几次和家长的会面，我解释了通达翻转模式的真正运转方式，多数家长都愿意接受这种方式并充满期待。他们认识到我是试着尊重孩子的时间，这种方法可以很容易地达成这个目的。同时他们对我在课堂上一对一与学生沟通的时间量表示很欣赏。还有家长说在传统模式下他们的孩子的科学课学得很差，而现在则好多了，在家里做作业的时候压力也小多了，因为他们随时都能找到要学习的内容。

——布莱恩·班尼特（韩国首尔一所国际学校）

• 确保所有学生都参与到课堂中 •

在通达翻转模式课堂上，所有的学生都是自己学习的掌控者。几年前乔纳森是大脑潜力研究及其对教育影响领域的培训员。他经常用这样一句话来总结研究成果：“只有工作的大脑才会成长。”当你走进一间普通的教室，通常是谁的大脑在工作？很多教室都是老师站在学生面前，给学生讲课，或许还会使用PPT展示和交互式白板。可惜的是，老师的大脑是工作最努力的，因此也得到了成长，而学生被动地坐在那里，大脑的活跃程度就要差很多。

在通达翻转模式课堂上就非常不同了。学生参与到各种活动中：做测试，在移动设备上观看教学视频，与老师探讨某个话题，做手工活动，组成学习小组一起学习。现在又是谁的大脑在工作？很显然，是学生的大脑在工作。

让学生的动手活动更加个性化

动手活动是直接授课教学之外的另一种帮助学生学习的方式。在科学课上尤其如此。学生不可能只是学习科学——他们需要通过做科学实验来学习相关的知识。学生在做实验的同时也是在经历和体验科学，掌握与科学概念相关的知识。做得好的话，这些动手活动可以帮助学生审视、消化和分析他们所做的工作。

在开始通达翻转模式之前，我们都是组成大组来做这些动手活动的。全班人一起听实验指导，所有学生都同时动手。从组织性角度来看，这样做非常高效，但并不意味着这对孩子是最好的。因为通达翻转模式是异步的，学生在准备好时才会开始实验。学生做实验的时间各有不同。通常我们会四五人一组做实验。做实验之前，我们会与这一组学生进行一次讨论，讨论内容包括活动的目的，以及相关的安全事项。因为是小组讨论，我们可以直视孩子们的眼睛，看他们是否真正知道要做的实验是什么以及如何才能保证安全。在相对更亲密一些的小组里，这些学生做起动手活动时会更加投入。我们感觉学生接受单独的安全指导之后，做实验更加安全了。

• 让老师的示范变得更加吸引人 •

除了实验之外，多数的科学课中还有一个关键的组成部分，就是以老师为主导的教学示范。在我们的化学课上，我们会通过加冰把水煮沸，用蒸汽点燃纸片。过去我们会把这些示范当作授课的一部分，在全班学生面前展示。在翻转模式下，我们还是会在全班学生面前做这类示范。当我们在30人的一个班面前示范某个概念的时候，只有很少几名占据了“好位置”的学生能够看清发生了什么，只有不多的几名学生可以参与到示范中，因为时间有限。此外，只有不多的几名学生（通常是那些早已明白一切的聪明孩子）会参加到讨论中去。

现在我们的课堂是异步的，我们只有在学生都准备好了之后才会做这些示范。这也就意味着我们在几个周的时间里会为一个班级的学生做多次示范，每次参与示范的都是一小组学生。小组示范中，所有学生都能看清发生的现象：所有的学生都围在一起观看有趣的示范。让每名学生都能得到与老师面对面探讨的机会。

我们发现这种个性化的示范有利于学生的理解。在通达翻转模式下完成的示范能使所有的孩子都参与到讨论中，而不是只有那些聪明的孩子才有机会喊出答案。将学生分成小组参加示范实验是通达翻转模式能够如此成功的一个重要变化。学生每天都接受着更为个性化的教学。

● 老师可以更好地帮助孩子们 ●

我们在与老师的交流中发现他们会因为不学习的学生而倍感沮丧。每位老师都想要做对学生最有益的事情。通达翻转模式使我们回归了加入教师队伍的本因：帮助孩子。通达翻转模式的一切都是为了学生。

我们开始探索这种模式时预算紧张，现在我们的课堂却有了如此深远而根本的改变。我们最大的收获就是认识到我们所做的并不是新的东西！几千年来，学生来到课堂都是希望能够就已经了解的知识进行讨论和交流。不幸的是，人类历史的某个时期，讲授式教学开始占据了主导，自那以后学校一直都在苦苦探寻转变的出路。我们只不过是采用了几个很好的学习原则，并将其与现代科技加以结合，从而改变了教学的面貌。通达学习、全方位学习设计、基于项目的学习、基于目标/标准的评分体系以及教育科技都在通达翻转教学模式的创造过程中起到了有益的作用。

CHAPTER 7

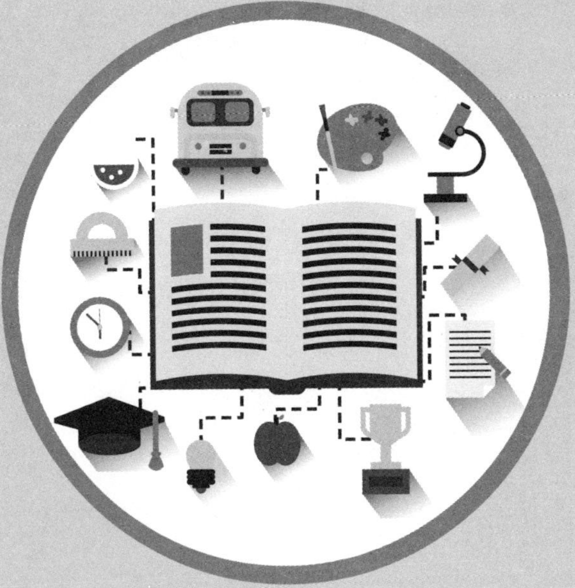

第七章

如何施行通达翻转模式

How to Implement the Flipped-Mastery Model

现在你已经信服了通达翻转模式。你想要施行通达翻转模式课堂，但你还有很多问题和担忧，有太多的流程细节需要弄清楚。你会不停地想：这一点该怎么办？那一点又该怎么办？这种模式的课堂在你所处的环境中到底会是什么样子的？尽管翻转了课堂的老师或多或少都有些相同点，但很显然根本就没有所谓的“那个”翻转课堂，这样说来你到底该从哪里入手呢？我们从2008年开始采用通达翻转模式课堂，我们犯了很多错误，一些你肯定不愿意犯的错误。我们在前文中也说过，我们想要你从我们的错误中得到经验，并对这种模式加以改进。随着越来越多的人采用这种模式，我们也渐渐体会到了群体的力量。我们在Ning（网络社区，http://vodcasting.ning.com）上开了一个群，便于采用了翻转课堂的老师交流。我们从他们那里学了很多施行这种模式的最佳方式。下面我们将分享一些关于通达翻转模式最常问到的一些问题。

• 第一天要做什么 •

我们刚开始采用通达翻转模式的时候，觉得最好是让学生逐渐融入到这种模式中。最开始我们安排所有学生在同一天晚上看同样的教学视频。最开始我们采用的只是常规的翻转模式，然后才慢慢过渡到通达翻转模式。后来我们才发现这个过程其实是个错误。

在施行翻转模式的第一年，我们上第一个单元课程的时候让学生一起进行，希望这样能空出时间让学生解决学习上的问题，也能让他们自然地融入到这种从未遇到过的模式中。我们真是低估了我们的学生。他们适应得很快，而当我们从翻转模式转入通达翻转模式时，还引起了不必要的混乱。任何有经验的老师都知道，每个学年的头几个周都是制定课堂规则和惯例的关键时期。训练学生习惯了一种模式之后过三周再改变程序并不是很好的课堂管理办法。

现在学年一开始我们便引导学生融入通达翻转模式。我们回答学生的问题，将大量的时间用于讨论学生承担自身学习责任的重要性。学生会观看我们制作的一段关于通达翻转模式的视频。视频中有过去的学生出镜的片段，为新同学提出了一些该模式下成功的意见。

通达翻转模式已经成为我们学校化学部的一种文化。校长告诉我们要形成一种学校文化需要三年的时间。第一年是最难的，第二年多半的漏洞都会补全，第三年就是形成学校文化的一年。这也恰是我们施行通达翻转模式所经历的。我们现在已经来到了第三个年头，通达翻转模式现在已经成为一种文化，而且运转也非常顺畅。

● 向家长解释通达翻转模式 ●

我们写信给家长，向他们解释这种模式。家长需要接受与该模式相关的一些教育，因为这是全新的事物。学生家长对我们的评估方法尤其担心，我们在后文中将进一步解释。总体说来，要经常与家长保持联系，帮助他们理解我们所做的事情以及我们为什么要这么做。不过当我们与家长沟通翻转模式的优势时，他们看到了孩子获益，因此一般都赞成我们的做法。

在我们施行通达翻转模式的初期，有一些来自家长方面的阻力，但随着时间的推移，他们都接受了通达翻转模式，并把这看成是我们的惯例。

● 教学生如何观看教学视频、如何与视频互动 ●

最开始有一件非常关键的事情就是教会你的学生观看教学视

频。这与教学生如何阅读和使用教科书一样。观看教学指导视频和观看娱乐电影、电视节目不同，观看这些教学视频更像是阅读一本非小说类图书而不是阅读小说。我们鼓励学生摒除分心的事物：他们不应该开着Facebook去看视频，也不应同时听着iPod，发短信、做晚餐。为了培训学生，我们在开学之后的头几天里带着学生一起观看了几段视频。我们会随时使用暂停键，有时为学生暂停，有时为突出重点。有时我们会把暂停和回放的控制权交给学生管理。每个控制暂停和回放键的学生处理信息的速度与班上多数学生都不同。所有学生都想要控制视频的播放，当然这也就是关键所在。我们用一堂课的时间观看了一段教学视频，然后与学生探讨如果每个人都能控制自己的暂停键该多好。当然，一年余下的时间里控制权都在他们手里，这样示范可以帮助他们看清这些视频的价值，而且更重要的是帮助他们看清了掌控自己的学习是多么重要。

在培训的过程中，我们还教学生高效的记笔记方法。记笔记有很多非常棒的方法，但我们最喜欢康奈尔笔记系统（Cornell note-taking system）。我们分给学生一份用于康奈尔笔记的模板，要他们用这个系统记下关键点，并且就他们学习的内容提出问题，做出总结。

• 要求学生问有趣的问题 •

我们在检查学生是否看过教学视频时，有一点要求就是要他们提出有趣的问题。问题必须与视频相关，而且必须是学生不知道答案的一个问题。与学生的这些交流时光是我们在课堂上经历过的最充实的时光。学生或是单独问问题，或是几个人一小组提问。每名学生在看完一个视频之后至少要问一个问题。在问答时间，学生经常问一些我们都不知道答案的问题，这时我们就会和学生一起去搜寻答案。学生问的问题经常会显露出他们对知识的错误理解，我们从中可以知道哪里教得不够清楚。之后，我们就有时间纠正学生的错误理解，而且我们还会做好笔记，在教学视频中加以修改，以防后来的学生还会有类似的理解不清。这样的交流时刻真是每天和学生共度的魔法时刻。

每名学生在看完一个视频之后至少要问一个问题，这对于那些平常不和老师交流的学生而言，作用尤为明显。在“坐着听课”的模式下，绝大数问题都是由少数几名学生问的。提问题的学生通常非常外向，非常自信。那些安静、内向的学生经常也会有问题，但在传统模式下很少会说出来。在通达翻转模式下，所有学生都必须问问题。学生问的问题比在传统模式下要多得多，也更有深度，课堂讨论也更为丰富。我们发现学生都很好奇，在这种心理负担较小的教学模式下，学生都可以表达出自己的兴趣，用自己独特的方式去学习。

我们在问答时间里还注意到一件事情就是安静的学生不再害羞。可悲的是，我们一些学生很少有机会向成年人倾诉，他们的父母太忙，他们的老师更多地是讲给他们听，而不是与他们交流。只有同学才会听他们说些什么。这些交流的时间成为我们从更私人的角度认识学生的窗户，在帮助遭遇困难的孩子渡过难关时有很大的助益。

• 课堂要适应通达翻转模式 •

我们过去的教室是按照传统模式设置的。课堂的中心是老师，通常所有的桌子都是向着黑板的。学校科技设备更先进了之后，所有的桌子都改为向着屏幕，和一台投影仪连接在一起。我们开始采用通达翻转模式之后，意识到需要重新安排教室的布置。现在我们的通达翻转模式课堂设计是以学习为中心。教室的关注点不在前方，而是朝向中央。这种调整也改变了学生的心理。他们把学习看作课堂的中心而不是老师。我们两个班的教室里都有投影仪，但很少打开。教室的中心是学习，而不是老师的演示。

我们刚拿到一笔拨款，为教室买了一台交互式电子白板。这台作为学生学习交流的工具的交互式电子白板，放在教室的一侧而不是前方。我们最初拿到这台仪器的时候，有一名学生问能否摸一摸白板。她一定是见过有人用交互式电子白板，但那是老师的工具。我们把交互式电子白板作为一个平台，学生可以在上面操控网上科学模拟实验，合作完成项目，或是开发新的学习方式。

比如说，在我们的地球和空间科学课上使用了一种名叫“星空”的程序，使用者在任何一台电脑上都能看到夜空。使用者可以改变观看的日期和位置，还有虚拟的望远镜可用。学生们都来到白板前学习星球知识，交互式电子白板俨然成为学生的活动中心。看到学生贴近星球，利用科技完成常规课堂不能完成的事情时，真是非常令人兴奋。

我们深知要想上好科学课，就得有很多动手活动。多数动手活动都是做实验。经常有人问我们如何安排实验才能满足学生同时进行不同实验的教学方式。我们认为最好的安排就像小学课堂，教室里有多个小组，有的阅读，有的写作，有的学习电脑知识，等等。我们的课堂也是类似的形式。我们有一个反应类实验台，还有一个专门的置换反应的实验台，另外还有一个经验类实验台。我们现在用的仪器比以前要少，因为每次只有几名学生在做实验。实验安全性也比以前要好，因为我们可以在每次实验之前与小组学生讨论关键的安全步骤。从财务角度来看，通达翻转课堂更经济，因为只需要不多的设备和材料。当你只需要过去五分之一的预算就能进行教学时，肯定能讨得行政管理人员的欢心。

• 允许学生掌控自己的时间和工作量 •

乔纳森的女儿在他的通达翻转课堂上学习已经有两年了。有一年12月来临时，她开始感觉到学期末的压力，也十分关心自己在课堂上的成绩。期末考试只剩两周的时间了，她还要参加一个大型的歌舞会和教堂表演，而此时所有的课堂作业都该交了。通达翻转模式最令她喜欢的地方就是给了她管理自己时间的自由。在感恩节假期里的大半时间里她都在提前学习她爸爸的课。她意识到自己马上会非常忙，于是选择提前开始学习。她知道只要掌握了本学期所有的学习目标就能参加期末考试。于是，她提前安排了自己的时间，这样一来，即将到来的日子就不会忙得不可开交。她提早参加了期末考试并得以通过，之后就能专注于其他课程的学习了。她甚至还把她爸爸的课堂时间用来准备其他课程期末考试。

并不只是她一个人这样做，我们注意到学生们都在学着管理自己的时间。他们知道何时该完成某一个学习目标。他们可以加快学习进度，学着安排好优先事项，高效地进行时间管理。

乔纳森的女儿是一名很认真的学生，凡事都要求自己做到优秀。你或许会问，主动性不这么强的学生该怎么办？我们发现通达翻转课堂让学生有了难得的成长经验。刚进入班级时几乎没有任何时间管理技巧的学生学会了管理自己的时间。我们给学生充分的自由，不管是做正确的选择还是错误的选择。随着时间的推移，学生做出的选择越来越好。我们在学习困难的学生和那些学习很好的学生身上都看到过类似的情况。尽管通达翻转模式不是锻炼学生时间管理技巧的灵丹妙药，但显然它使我们多半的学生得到了成长。

• 鼓励学生相互帮助 •

我们把我们的课堂比作学习中心。课堂的关注点不再是老师，而是学习。之后，学生也意识到学习是他们的目标，也开始向彼此寻求帮助。他们自发地组成学习小组。我们经常会走到一个小组旁，问他们在学什么，并看着学生互相帮助。

我们还会策略性地把学生分成小组。我们会把对同样课程内容有疑惑的学生组织在一起，组成自发学习小组。这样动态的安排使课堂成为30名学生进行自主学习的地方。小组学习能够鼓励学生交流、合作和探索，而且能够维持课堂的动态。

这些都使我们非常兴奋。学生意识到组成小组比单独学习效果更好，这也正切中了21世纪学习的要旨：学生共同努力，完成同样的学习目标。学生会成为团队中的一员，共同解决问题，而通达翻转模式的建立，就是为了鼓励这种交流。

我注意到课堂上的合作更多了……学生自然而然地组成学习小组，共同学习。

——布莱恩·班尼特（韩国首尔一所国际学校）

• 建立适宜的评估系统 •

当然，我们这种模式下最大的挑战在于要建立起适宜的评估系统，客观地评价学生对课程内容的理解，做到对学生和老师都有益。我们如何能够知道学生是不是掌握了课程目标？学生没有掌握的时候我们该怎么做？有兴趣想要采用通达翻转模式的人不可避免地都要面对这些问题。但是不要害怕——我们经过艰苦努力已经摸清了方法，所以你就不会再难办了。

要建立起多版本的高质量评估系统，处理考卷，确保测试运转正常，在一位老师要管理30名学生的课堂上，这一切都有些令人不堪重负。我们认为利用现代科技为学生提供有价值的反馈意见，帮助我们开展通达翻转模式是通达学习得以实现的根本原因。

形成性评估

我们两人都有多年的化学教学经验，经过这么多年的磨炼，已经在所教学科上有了很好的积累，能迅速看出学生有没有理解课程的要点。我们在教室里巡视，和学生交流，查看他们对知识的理解情况。我们在学生学习的过程中发现他们的错误理解并加以纠正。我们发现学生在学习和消化新概念时，依其个人的认知发展程度以及对该特定学习目标的认知程度，需要不同层面的支持。有时，我们会为学生提供系统性的帮助，但有时也会让学生自己思索。我们认识到学习不只是一勺一勺地把学习内容喂给学生吃。老师应该给学生机会去反复思量复杂的概念，这样才能有更深刻的体会。因此，我们会故意不去帮助部分学生，因为我们知道相比手把手教，这种模式能让他们学得更加深入，而我们也可以用这些时间去帮助需要手把手教的学生。

在形成性评估过程中，自证达成学习目标的责任落到了学生身上。我们为学生安排学习目标，并提供达成目标所需要的资源，而学生则需要提供证据，证明自己正在为达成这些目标而学习。那些无法证明已经在达成目标的过程中取得进步的学生，我们会迅速评估他们的理解程度，并即刻制订补习计划，这样学生就能回头重新学习尚未掌握的知识。补习和重新教学的方法会因人而异。我们有可能让学生重新观看一段教学视频，有可能指导学生查阅教科书，浏览可供参考的网站，或是直接坐下来与他们一道探讨他们还不甚明了的概念。我们过去把形成性评估过程称作“检查油量”，但教育演说家、设计思维宣传者伊万·麦金托什纠正了我们的说法，并将形成性评估比作GPS（全球定位系统）。使用GPS的司机迷路的时候，GPS就会“重新估计”路线，帮助司机回到正确的路线上。司机可以继续忽略GPS，最后要么选择按着GPS指的路前进，要么直接开进沟里了。在课堂上，老师就相当于GPS，在学生理解误入歧途时，为他们重新指路。学生要么接受老师的建议，改变方向，要么撞进错误理解的深渊中。老师有责任不断地评估每个学生的学习之路，为学生提供即时的反馈意见，保证他们能在学习的高速路上安全行驶。

尽管最终的关键问题还是，你学会了吗？如果你学会了，能够证明吗？不过，好的教学有一部分便在于知道学生在前进的道路中走到了哪一步，而不仅仅是检查他们是否安全抵达。

与学生交流的时候，我们要确认学生理解了学习的目标。我们督促学生，促使他们更深入地学习。其中关键的一环就是我们的提问策略。

不久之前，我们和一所私立大学的教务长坐在一起聊了聊。她对通达翻转模式的这一方面非常感兴趣。她问我们如何用我们的方法来培训新老师。她指出我们是老教师，本能地知道该问些什么问题。我们如何将这种本能传递给新老师呢？

这是个很难回答的问题，因为本能是很难传递的。每学年开始的时候，我们都会刻意安排时间探索、理解每名学生的想法和学习情况。我们不会用正式的测评来掌握这些信息，而只是和学生聊天，去了解他们。尽管我们的方法很主观，但它们非常有效。所以，我们给那些想要采用通达翻转模式的老师的建议是，和学生聊聊，了解他们富有魅力的本性，了解他们的想法，帮助他们学会如何学习。

对每一名学生，老师都必须问恰当的问题。因为我们对学生很了解，因为我们知道他们对每个学习目标的掌握程度，所以我们可以根据学生的理解来提问不同的问题。每一名学生的理解程度都不同，而我们的主要目标是让学生得到成长。

通达翻转模式的一个优点在于学生可以得到很多问问题的练习。老师不只是在授课的时候问问题，而是在和每一名学生交流时都要问问题。练习通达翻转模式可以帮助未来的老师有足够的机会为每名学生准备问题，满足他们个人学习的需求。

总结性评估

我们的形成性评估对于检验学生的理解是至关重要的，是学生知识体系建立的基础。然而，我们认为学生还需要参加一次综合评估，并在评估中证明自己对学习目标的掌握程度。因此，我们开发出总结性评估，在评估中学生必须自证达到知识理解程度的最低标准。

教育工作者可选的评估方式有很多。考试可以采用错题扣分制，学习目标的评估可以按0-4分评分，测试可以采用正确率来判定结果。我们生活在一个A-F评估体系中，学生的正确率决定了测试结果的字母。尽管我们并不完全相信用正确率来评估学生的方法，但也只能在这种并非十分理想的大框架下开展评估工作。为了能在家长、学生和学校行政管理者都非常适应的A-F评估体系下开展评估工作，我们决定要求学生在每一次总结性评估中最低正确率达到75%才算掌握了知识。这个数字并不是武断的决定。我们着眼于核心的学习目标，并依此制定测试题目，掌握了关键学习目标的学生就可以得到75%的分数。评估中其余25%的分数可以通过掌握那些“最好知道”的学习目标来获得，这些学习目标也属于我们课程的一部分，但对未来的课程学习并非不可或缺。得不到75%以上分数的学生必须重新参加一次评估。如果学生学习某一个主题时遇到了困难，我们就会帮助这名学生补习，给予学生完成总结性评估所需要的帮助。我们也允许那些达到75%但想要得到更高分数的学生重新参加评估。我们把决定权留给学生，因为我们同时也在教育他们承担起自己的学习责任。

我们还设置了一些实验评估，所有学生都必须完成。在这些评估中，每次学生都要去解决一个问题。之后，他们会利用已有的实验仪器、化学药品以及材料，找出解决问题的方案。此类真实性评估也是我们这个项目的关键组成部分。学生在此类评估中也要至少得到75%的分数才能继续下一步学习。通达翻转模式有一个好处就是学生都不能自暴自弃。如果他们递交的报告不合格，我们就会把作业返回去，要求他们修改。仅仅想要“凑合”的学生很快就会发现，如果第一次就能交上高质量的作业而不是需要重做的作业，会省去很多麻烦。

还是要强调一下，虽然上面描述的是我们采用的总结性评估方式，但通达翻转模式下的总结性评估并没有一定之规。很多采用了翻转课堂的学校和老师对总结性评估的安排会更传统。所有学生都在同一天参加测试，不管所得到的分数如何都将永远记录在案。翻转没有一定的程式，评估也是，给学生的反馈也是一样。还是那句话，做对学生最有益的事情，根据你所处的特定教育环境进行安排。

诚信测试

我们最初启动通达翻转项目时，采用的是纸质测试。诚然我们的试题多种多样，但学生是在不同时间参加的考试，通常监考也很宽松。不幸的是，有一些学生做了糟糕的选择，在考试中作弊。有些学生用手机拍下了试题，并和朋友分享。很快我们的一些测试题目就在学生中传开了。

进行电脑测试的安全性会更高一些，但就算是这样还是会有学生把考试的所有题目都复制粘贴下来，传到家中的账户，并发给朋友，对此我们十分沮丧。因为教室里的电脑不足，我们有时会安排学生在学校图书馆参加考试。可悲的是，我们发现有学生组成小组来完成考试，或是随身携带了小抄和其他不允许带入考场的资料。

我们并非幼稚——我们知道有些学生总会想着绕过规则，做出糟糕的选择。我们作为一名好老师，有责任限制学生作弊的机会。我们只做了微调，现在已经基本解决了考试作弊的问题。现在我们只在课堂上进行测试。我们在教室里安排了几台电脑。每一次测试都要输入密码，只有我们才知道密码是什么。当一名学生准备好要参加考试时，这名学生就可以登录到自己的账户，然后由老师输入密码。这样也使我们有机会在学生进行测试之前与之进行单独交流，查看他们所带的资料是否允许（比如说元素周期表和计算器）带入考试现场。通常，我们会鼓励学生一番。尽管这个系统并非完美，但多半的诚信问题都得以解决。

想在诚信问题上再进一步的老师可以借鉴亚伦从2011年开始采用的方法：开放网络测试。他开始这种实验性测试方法旨在解决两个问题：（1）哪些问题在网上很容易找到答案，不需要在课堂上教授；（2）鉴于有很多问题，学生只要动动手指便能找到答案，那么考试题目应该如何编写才能有效地评估学生在某一主题下的知识程度和能做的事情？基于对这两个问题的思考，亚伦将测试从基础的数据回忆和数学计算变为问题解决、数据分析和数学理解。此外，诚信测试在这种模式下也变得不那么重要了，问题的开放性决定了答案一定是丰富多彩的，学生并不可能简单地分享答案。

或许这种模式下教学评估背后的巨大工作量也是阻碍其广泛传播的主要挑战之一。一位老师如何能够建立起这么多版本的测试呢？如果我们不断给学生做同样的测试，最终他们会记住测试的题目，但仍然不理解课程的内容。我们刚开始采用通达翻转课堂的时候，只设计了几种笔试测试，不幸的是，学生的表现恰如我们所担忧的一样：他们把考试的题目都记了下来。尽管学生通过了考试，但并没有真正理解所学的知识。

我们需要在不同的时间组织很多的考试，批改试卷需要付出超负荷的劳动，为了应对这个问题，我们采用了一些方法，其中一项就是使用电脑生成的试题。我们学校使用了一种免费开放的课程管理软件Moodle，于是我们便开始尝试这种软件是否适合我们的课程使用。结果这种软件非常实用，可以即时评卷出分，极大地减轻了我们的工作压力。然而，我们还面临着一个问题，我们的试题版本太少，而且多有相似之处。

有一天，乔纳森在网上看到一篇关于Moodle的使用指南。其中介绍了一种方法，可以为每一名学生创造出一份独一无二的试卷。如果一名学生多次参加测试，那么每次的题目也会各不相同。我们在编写试题的时候，会为每一个课程主题的评估设计一些单选题。当我们建立起题库之后，电脑就会随机选出一个课程主题中的某一个或多个单选题。如此一来，每次测试都可以有很多不同的版本，这解决了老师工作量巨大的问题，也使得真正的通达教育得以实现。

不过还是要注意：要这么做也需要付出大量的劳动。以前每个课程主题，我们只编写一两个问题，而现在则要编写十到二十个。这对我们而言是一项艰巨的任务。我们还在优化这套系统，加入更多的问题、调整问题的措辞、确保核心课程目标的评估准确而充分。我们把这看作一项需要长久持续的工程。

如果在Moodle之外，你还想找些别的课程管理软件，市面上也有很多不错的选择，包括Blackboard和WebCT等。

统合性评估系统

我们猜读者中很多人的工作环境与我们类似。在我们学校，学生完成一门课程之后会得到评分。我们作为老师还必须给学生打分："A"代表优秀，"B"代表高于平均水平，"C"代表平均水平，“D”代表低于平均水平，“F”代表不及格。我们想出一种方法使通达翻转模式也能在这个大前提下运转。当然，最初还是会有些困难。我们眼中的课堂更应该是目标或标准导向型的评分框架，但我们学校并未采用这种评分体系。此外，我们还需要按照教区规定，将学生的分数登入到网上成绩册里。有些家长更习惯于查看用百分比或分数计分换算成一个字母评级的成绩，对他们而言，这种网上成绩册就很直观。为了解决这个问题，我们又对评分体系做了多方面的调整。

我们研究出一种混合评分系统，它综合了目标导向型和传统A-F评分方式的特征。这种混合评分系统在你所处的环境中也许行得通，但也可能行不通。在我们的评分系统中，总结性评估占学生分数的50%，学生必须在每次总结性评估中得到75%以上的分数才可以将成绩登入到成绩册里。另外50%的分数要看学生对每次形成性评估的掌握程度。翻转课堂在标准导向型的评分系统下是最为理想的。科罗拉多州的威斯敏斯特市亚当斯县50学区就在整个学区采用了标准导向型的评分系统。每个班上的学生都可以读不同级别的课程，而每名学生在不同的科目中也可以同时上不同级别的课程。教区教学督导最近发现，这个评分体系与视频教学的方式有很好的协调性。很多老师都开始着手制作自己的教学视频，以满足学生学习的需求。

世界各地的评分环境都不尽相同，而我们的教学行为都要依教学环境而定。引入通达翻转模式本身已是一项颠覆性的革新，因此在调整现行评分体系时，有人或许会犹豫不决。通达翻转课堂的采用在这一点上与教学视频的使用一样，在不同的学校应视情况而定。

CHAPTER 8

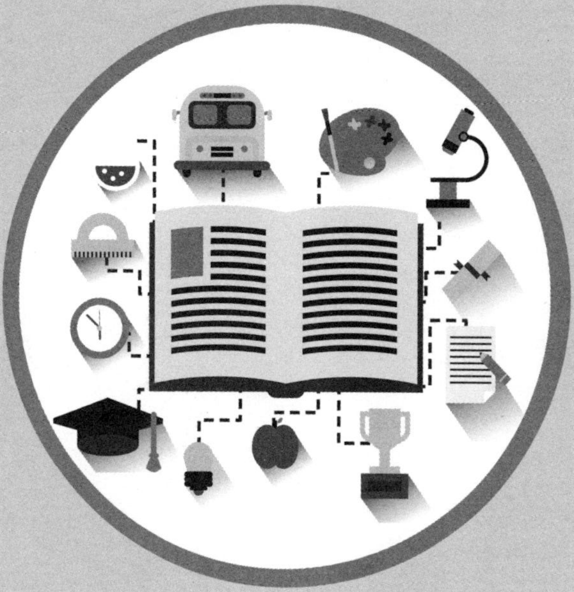

第八章

关于翻转课堂的常见问题

Answering Your Questions (FAQs)

现在，希望你已经体会到了通达翻转课堂的益处，并开始考虑在你所处的环境中如何来翻转课堂。我们整理了过去几年里收到的一些问题，并给出了相应的解答，希望令你头痛的问题也能在这里找到答案。我们希望你能从我们的错误中吸取教训。

● 实施翻转课堂的方法不止一种，那么各种翻转课堂有什么共同点吗 ●

信不信由你，并不是所有的翻转课堂都采用视频作为授课工具。翻转课堂并非围绕教学视频而建立的，只不过多数翻转了课堂的老师会选用视频作为传递教学内容的一种手段。所有的翻转课堂都有一个共同点，那就是将课堂的注意力从老师转移到学生和学习上。为了达到这个目标，多数采用翻转课堂的老师都会问一个问题：哪些活动不需要我亲自讲解，可以调整到课外去做，课堂时间则更多地用于那些有我出现效果会大幅提高的活动？多数老师会选择“讲课”或“直接授课”。当然，你也不一定要翻转了课堂之后才能将注意力从老师身上转移开，可供老师选择的教育模式和方法有很多。翻转课堂只是很多方法中的一种，并非独此一种。

• 对于家里没有电脑的孩子，该怎么办 •

我们学校位于科罗拉多州一个近似乡下的地方。很多学生住的地方都没有稳定的网络可用。说实话，亚伦在家里直到2008年才有了高速网络。我们刚开始翻转课堂的时候，需要所有学生都能观看到我们的视频，也意识到需要首先保证所有孩子都能访问我们的视频。

我们把视频挂在很多不同的地方，这样学生就能选择获取视频的方式。我们会把视频放在一些视频网站上，供能够使用高速网络的学生取用。我们还会把视频放在学校的地区服务器上，家里有电脑但不能上网或上网不便的学生，可以用U盘复制视频，回家观看。还有很多学生会带上iPod（是的，我们的视频也可以转到手机里）和其他移动设备，学生可以把视频转到这些个人设备中。对于那些没有电脑的学生，我们会刻制一些DVD光盘，学生可以将其放入DVD播放器里，在电视上观看。亚伦甚至还修好了几台捐赠的电脑，送给没有电脑的学生回家使用。

人们普遍对翻转课堂有一种担心，就是它会在“有”和“没有”的学生之间带来更大的“数字鸿沟”。至今为止，我们还没有哪个学生说自己没有个人电脑、也找不到可用的公共电脑、个人设备或DVD播放器。在这一点上我们愿意接受批评意见，但我们认为学生可使用设备的不平均并不是不可克服的障碍，这只需一点点创造力和思考就能解决。对教育科技感兴趣的老师必须竭尽全力连通这道“数字鸿沟”。我们的建议是：写申请。不只是一份申请，也不是五份，而是尽可能多的申请。这正是我们解决课堂上科技设备不足这一问题的方法。我们写申请，得到了很多拨款，为教室买了交互式白板、上网本和无线设备。我们发现这是沟通数字鸿沟的有效方法。

● 我怎么知道学生有没有观看视频 ●

如果学生的课后作业是观看一段教学视频，你怎么知道他到底有没有看？我们最开始要求学生观看教学视频时，想要用某种高科技的方法来检查学生是否看过。我们考虑使用某种网站，学生需要登录才能观看视频，我们通过查看登录情况来检查学生是否看过视频。后来乔纳森想到一个主意，没有任何科技含量而且非常简便：“我们只要查看一下学生的笔记不就行了吗？”直到今天我们也一直在延续这种做法。学生观看视频做笔记，我们只需要检查他们上交的形式各异的笔记。我们把形式稍微改变了一下，既允许学生做纸质的笔记，也同意他们把对视频的想法发布在博客上或是通过邮件写给老师。乔纳森的天文科学课上开始的这一变化，彻底改变了我们与学生的交流方式。我们要求所有学生或递交笔记，或单独与老师沟通，或针对看过的视频问一个有趣的问题。这段问答时间非常有意义，因为这要求所有学生几乎每天都与老师交流。在这种模式下，不仅是那些聪明的、好奇的学生会问问题，那些害羞的、离群的学生也会问问题——他们在以往的课堂上从来都不敢举手的。

还是要再提一句，请记住有很多方法来确认学生有没有看过一段教学视频。拉姆齐·穆萨拉姆是旧金山的一名老师，他将教学视频和一张谷歌表嵌入到一个网页中。观看了一段视频之后或是在观看视频的过程中，学生可以随时将自己的评价和想法输入到内置的表格里，并通过电子方式上交表格。布莱恩·班尼特要求学生每天都写博客，回顾一天的学习。记住，要有创新精神，选择适合你所处环境的方法，甚至可以考虑把教学视频作为选学项目，并采用形成性评估方法来检验学生的理解。

● 没有观看视频的孩子该怎么办 ●

因为绝大多数的授课任务都是通过视频传递的，所以没有观看过视频的学生对课堂活动很难有充分的准备。事实上，没有观看过视频的学生会错过重要的课程内容。这就好似他们在传统课堂里翘课一样。我们对这个问题的解决方法很简单。我们每个教室后面都安排了两台电脑。在家里没有看过教学视频的学生可以在课堂上观看。需要用课堂时间来补看教学视频的学生会错过老师单独辅导的时间。因为所有的作业都是在课堂上完成的，这些学生就需要像在传统模式下一样回家完成作业。学生很快便意识到做作业时有老师指导对他们而言是非常有益的，因此多半都会在家看完教学视频，这样就能充分利用与老师在一起的时间。我们发现这是促使绝大多数学生观看视频的动力所在。

● 视频时长多少为宜 ●

我们最开始制作教学视频的时候，每一段都和课堂教学的时长一样。每段视频通常会包含多个不同的话题。从学生的反馈来看，他们更喜欢简短一些的视频，每个视频最好只包含一个主题。我们尽可能把视频时长压缩在10—15分钟，而我们希望能做到只有5分钟。我们发现微视频更有助于学生的学习。

• 翻转课堂不会增加家庭作业的时间吗 •

至少我们的学生用在观看视频上的时间和以往用在做作业上的时间差不多。而且很多情况下用的时间还会减少，因为在传统模式下，理解课程内容有困难的学生要完成不懂的作业题目需要花费大量的时间。我们班上要观看多门课程教学视频的学生并没有觉得花费的时间比以往要多。

关于家庭作业还有另外一个很受关注的问题，那就是到底要不要再安排家庭作业。我们不打算探讨课堂作业在教育中的地位这类哲学和应用学类的问题，但如果你想要在一个无作业文化或政策环境下翻转你的课堂，我们还是有一些见解的。有兴趣要实现无作业翻转课堂的老师，必须设计好课程，这样才能保证所有的工作（观看视频、课堂活动、评估）都在学校完成。这样的课堂就更类似于异步通达课堂。有趣的是，我们班上一些效率较高的学生发现可以在课堂上完成所有的工作。这些学生在课后什么都不需要做，包括观看教学视频。

记住，翻转课堂并不一定要配合视频开展，教学视频也不一定要回家观看。翻转课堂的目的在于将注意力从老师身上转移到学习者身上。如果要使用视频，而且要用于教学，那么在开始之前就一定要确保每名学生都有较适宜的科技设备。这么说并不是要吓跑潜在的“翻转者”，但在朝这个方向努力之前大家必须明白，如果创造出一种教育环境，有些学生能够参与其中，有些则不能，这是非常不道德的。在开始翻转课堂之前就去处理学生使用科技设备的问题，可以帮助老师在任何环境下采用这种模式。作为教育工作者，我们不能因为潜在不平等的存在就简单地抛弃一种教学工具，不能因为翻转课堂在某种环境中不适宜就断定不能在另外一种环境中采用。我们应该发挥创造性思维，解决眼前的问题，做对学生最有益的事情。不平等的存在完全是因为我们不作为。创造一个平等的学习环境，然后继续；如果不能创造一个平等的环境，就不要翻转课堂。

• 如何使学校行政部门认同翻转课堂 •

我们刚开始翻转我们的课堂时，也没多想就直接行动起来了。我们也没有预先获得学校行政部门的许可——就直接开始了。我们学校很好，行政部门很支持老师工作，做对孩子们有益的事情总是可以很随意。我们开始翻转课堂后不久，校长助理来到我们的教室，想要看看是什么情况。她看到这么多学生都沉浸在学习中，就邀请我们到学校董事会去分享这种模式。董事会对我们的介绍反应很好，全力支持我们所做的改变，因为他们能看到这么做对我们学生的有益价值。事实上，我们把面临的困难向校董会汇报之后，他们立即更新了我们教室不足的电脑。

你或许会犹疑，如果将翻转模式介绍给学校行政管理人员会面临什么情况。我们真的不知道。我们很幸运。我们知道一些采用翻转模式的人经历了很长的合理性调研，去证明这种模式可行。我们知道一个很成功的案例，一位老师在课程引言单元引入了翻转模式。她邀请校长到班上看学生的学习情况，校长看到学生学习时的专注之后，立刻为她开了绿灯。

支持此类举措的原因很简单，全是由于其背后所蕴含的理念。哪种教育方式最好，应该由活跃在第一线的人决定。这个过程中最困难的是解决不可预见的事态变化，系统运转的阻碍总能克服。

——戴尔·加里克（科罗拉多州　林地公园高中校长）

• 如何使家长认同翻转课堂 •

我们的学生家长都非常支持我们的工作。我们刚开始翻转课堂的时候，最受关注的问题是教学视频取用的问题。我们通过刻制DVD光盘解决了这个问题，多数家长开始对这种新方法产生了兴趣。我们解释了翻转的原因之后，多数家长都能够理解我们的意图，对我们也很支持。在给家长的一封信里，我们解释了翻转课堂是什么以及为什么要翻转。我们发现，在引入某种新兴事物的时候，持续通畅的沟通是工作实施的长久保障。翻转课堂与家长以往对课堂的理解有着很大的差异，但绝大多数家长都能体会我们的良苦用心。

乔纳森班上有一名学生的家长最开始对这种模式很担忧。她认为我们在做网上教学，担心女儿不能常与老师同学交流。等到这位家长完全理解了这种模式之后，她给乔纳森写了一封电邮，感谢乔纳森增加了与她女儿的交流时间。她提到，在翻转课堂里，她的女儿比在普通的课堂授课模式下更容易找到老师。

• 对于不认同翻转课堂的学生，我们该怎么办 •

我们希望能有解决一切教育问题的诀窍。可惜，我们没有。对于这个问题，我们只能这样说：在我们引入翻转课堂之前，学生的不及格率大约在10%，引入翻转课堂之后，不及格率还在10%左右，通达翻转课堂模式下的不及格率还在10%左右。不幸的是，我们对此并没有一个现成的答案，也没有想到解决的办法。我们只能说：因为我们与每个孩子单独交流的时间更多了，对学生的了解也更深了，因此我们能注意到每个学习成绩不好的学生背后的故事。他们中多半的生活境况糟糕，没法把学校的事情放在首位。对他们了解了更多之后，我们就可以为他们提供必要的帮助。

有一名学生因通达翻转模式异常沮丧，愤怒地诅咒乔纳森。与这名学生进行深入交流之后，我们和他的辅导员发现了他生活中的一些潜藏的问题。尽管现在他的考试还是不及格，但至少辅导员能够帮助他了。这名学生得到帮助并非通达翻转模式的直接效用，但确实是通达翻转模式使我们对他有了更多的了解，让我们能够指引他向更加积极的方向发展。

● 学生在通达翻转模式下的学习效果会变得更好吗 ●

我们刚开始翻转课堂的时候，完全不知道这种教育实践是否有效——我们也没想太多便开始了。（或许这样做并非最好的选择，但这些都已成为过去。）那么，学生在翻转课堂中的学习成绩有没有更好呢？我们又是通过什么知道的呢？

本书即将出版的时候，我们了解到有人在做翻转课堂相关的行为统计，但当时的统计工作都还没有完成，也没有发布。我们希望在不久的未来能看到更多的类似的统计，并打算在这些研究成果公布之后认真研究一番。与此同时，我们日常也有一些观察体会。

我们刚来到林地公园高中教化学的时候，采用的是传统课堂授课方法。为了保持全校教学的一致性，我们决定不管哪位老师的化学课，学生都参加同样的考试。2006—2007年，学生便是参加的这种考试，他们的分数可作为基数来进行比较。之后的一个学年，我们开始翻转了课堂，并决定让学生参加同样的考试，看看结果如何。

在分享观察结果之前，我们还需要解释几件事情。我们刚开始在林地公园高中教学时，是从一位退休的老教师手中接过的教鞭。这位老师只要最优秀、最聪明的学生到她的班上学习。对于来上化学的学生，她有一些严苛的先决要求。因此，我们教学的第一年，班上有一些达到先决条件的优秀学生，在科罗拉多州内联考时分数非常高（参见表8.1）。我们互相看了看，暗暗惊叹竟然会有如此了不起的孩子。

表8.1　科罗拉多州内联考成绩：2006–2007学年学生分数

	阅读	写作	数学	科学
平均分	714	635	646	534

我们两人都坚信之前那位老师对化学课的先决要求（数学水平要求很高）太过严苛，于是决定降低入班前的数学要求，以便鼓励更多的学生挑战自我，学习化学课。之后一年我们降低了入班的数学要求，化学课上的学生数目也增加了，入班学生由105人增加到182人。这一年学生数目扩充，他们的科罗拉多州内联考成绩也有所下降，这一点我们也早有预料（参见表8.2）。

表8.2　科罗拉多州内联考成绩：2007-2008学年学生分数

	阅读	写作	数学	科学
平均分	699	607	619	519

2007-2008学年，我们按照翻转课堂模式进行教学，但采用了上学年同样的试题对学生进行测试。学年结束时，我们又整理了全班的测试成绩，并与之前一批学生的成绩进行对比，看看两批学生做同样的试题的对比情况。依照两批学生在科罗拉多州内联考的平均成绩来看，我们预估2007-2008学年的学生课内测试分数应该较低，但结果在翻转课堂模式下学习的学生与前一学年在传统模式下学习的学生平均成绩基本持平（参见表8.3）。

表8.3　课内测试分数对比

	2006-2007学年学生平均分数	2007-2008学年学生平均分数
第1单元测试	测试题目不同	
第2单元测试	78.7%	78.7%
第3单元测试	84.5%	86.8%
第4单元测试	81.6%	80.7%
第5单元测试	测试题目不同	
期中测试	67.9%	66.2%
第6单元测试	75.1%	74.1%
第7单元测试	89.0%	81.2%
期末测试	73.9%	71.7%

最令人关注的是第7单元的测试，两学年学生的分数差异很大。我们绞尽脑汁分析为什么我们的学生取得的成绩不好。等我们看到2007-2008学年的日历时，忽然想到那是因为暴风雪的原因，我们2007-2008学年的学生（翻转课堂下学习的学生）只有两周左右的时间学习这些课程内容，而2006-2007学年的学生有差不多四周的时间学习同样的内容。翻转课堂下的学生在其他测试中的表现或高于之前的学生，或分差可以忽略。

显然我们的统计算不上严谨的科学研究，但可以反映翻转课堂可以帮助数学技能水平较低的学生在数学应用较多的科学课上，达到与数学技能水平更强的学生的类似表现。

我们的结论——翻转课堂有效！

我们的学生多数都很适应这种模式，表现也非常好。另外有一些学生需要我来督促才能坚持较好的学习状态。表现较差的学生相比传统教学模式下没有明显的提高，但表现很好的学生有所增加，特别是那些自称在数学和科学课上较弱的学生进步尤为明显。

——布莱恩·班尼特（韩国首尔一所国际学校）

• 谁制作教学视频 •

最开始我们都是自己制作教学视频。亚伦负责录制化学课的第1单元，乔纳森负责化学课的第2单元，之后的课程也会轮换进行。随着时间的推移，我们又制作了第2版视频，这一次是两人一起做的。两人一起录制极大地提高了视频的品质。现在的教学视频更像是关于科学的交谈而不是科学知识的宣传。后来我们的教学视频有了一些名气，全国各地的很多老师都使用我们的视频作为课堂补充材料，有一些甚至把我们的视频作为首选的课堂教学指导资料。使用别人的教学视频没有任何问题！不一定非要制作自己的教学视频。学生听到自己老师的声音，看到自己老师的笔迹，看到自己老师的面孔在视频中出现，这些当然有其价值。但是刚开始的时候，你或许应该考虑使用其他老师已经做好的视频，然后再循序渐进制作自己的视频，慢慢做替换。

• 如何腾出时间来制作教学视频 •

因为最初采用翻转模式的那一年我们都是提前制作所有教学视频的，所以时间上并没有冲突。乔纳森习惯早起，经常早上六点就已经在学校制作化学课视频了。亚伦则是个夜猫子，哄完孩子睡觉之后会来到洗衣间制作视频。反正我们是做到了。后来我们开始一起制作视频时，便经常提前到校，晚些离校，这才做好了视频。这项工作当然要耗费大量的时间精力。不过现在我们已经做好了这些视频，每年只需要做很少的调整。说实话，我们有了很多“空余时间”，才有时间写这本书！今天放学之后，我们又计划坐在写作本书的电脑前，制作一段教学视频。

CHAPTER 9

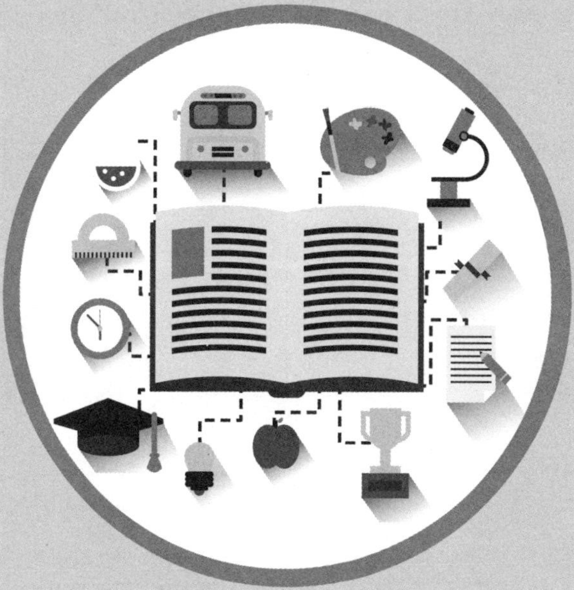

第九章

结 语

Conclusion

尽管我们知道讲课有时并不是向学生传递信息的最好方法，有时直接的指导是非常重要的。但是，直接指导不一定在课堂上，在全班学生面前进行。我们还学到了通过视频来进行课程指导对某些课程主题很有效，但在部分课程上又不是那么好用。有些概念必须要学生独立去探索，有些则最好由老师直接传授，还有一些需要苏格拉底式的对话来学习。我们的教学视频并非教育的万能解决方案，但已经给了我们更好的机会去探索对学生最有益的教育模式。我们希望你也能去探索，并将从我们身上学到的东西加以调整，融合到你已有的好的教学实践方法中。

我永远也不会完全转回到传统教学模式了。其实，现在我使用的是一种混合方式。每周一的课程时间较短，一周余下的时间则采用时段编课方式。通常在周一，我会进行课堂教学，为那些需要在教室里面对面交流的学生讲授主要的课程内容。这也使我能够帮助很多学生解决不明白的课程内容。

——布莱恩·班尼特（韩国首尔一所国际学校）

并非所有的概念都可以用同样的技巧进行有效的传递；同样，有一些课程内容还是需要通过传统方式来教授，另一些则需要通过学生的探索和翻转课堂来学习。我们着眼于要求学生在课程结束时学到的能力，并依此来制订最恰当的教学计划。

——菲利普·库里斯（慕尼黑国际学校）

开发了现在所谓的翻转课堂模式对我们而言是一段艰辛的旅程。我们有幸见证了翻转课堂的爆发式的发展过程，从科罗拉多州郊区的几间教室里和其他一些散落的地方发端，现今已传遍世界。我们只不过是几名老师，想要做一些对学生而言最有益的事情，并真正着手去做了。我们并没有意识到自己所做的事情有何深远的意义。不过现在，我们意识到翻转模式和通达翻转模式具有对教育事业产生正面影响的潜力。

我们还想感谢那些教育工作者和可爱的学生，他们在这个过程中与我们一起成长，也影响了我们对翻转课堂的认识。本书从我们的视角讲述了我们的故事，我们知道很多了不起的教育工作者多年来也在使用同样的工具、技巧和资源。在此我们要特别推荐拉赫、普拉特和特雷利亚，他们在《教育经济学报》上发表的《倒置课堂：打造兼收并蓄的学习环境的通道》是难得的好文章。我们希望他们的智慧和经验能够继续塑造更好的翻转课堂。

我们每天所实践的方法经由其他使用了类似工具的老师激发，加以改进后用于满足我们的需要。我们不会自诩发明了新的教育方法，也没有自命创新的名头。我们只是看到有这样一种需求，然后利用现有的工具去满足了这种需求——结果令我们无比兴奋，我们的内心驱使我们必须把这一切告诉全世界。

如果你正在考虑翻转你的课堂，我们希望你这样做的原动力是合理的。正如我们在前文中所说过的：我们将课堂变成翻转模式，最终又变成通达翻转模式，在这个过程中，最难的事情就是将学习的控制权交给学生。对于很多教育工作者而言，放手非常困难。但只有学习掌握在学生手中而不是老师手中，才是应有的学习态势。积极的建构主义者和坚定的以项目为基础的学习理论宣传者会说我们做得还不够，应该更多地放权给学生。或许他们是对的。不过，翻转课堂是简单的第一步，任何老师都可以从直接的课堂授课中抽身，打造以学生为导向，以问答为基础的学习环境。

在世界各地分享我们的故事时，我们不断听到有老师、学校行政管理人员、家长，特别是学生表达了希望施行翻转模式的强烈愿望。从事教育行业是为了帮助孩子的老师把这种模式看作达成教学终极目标的方法。学校行政管理人员喜欢翻转模式是因为它可复制、易上手、可量身打造，而且成本不高。家长喜欢这种模式是因为他们认为这种方式可以帮助孩子更深入地学习而不是走马观花地听课。最后，也是最重要的，学生愿意接受这种模式的原因有很多：（1）符合他们的习惯；（2）教会他们承担起自己学习的责任；（3）很灵活，能以最适合他们的节奏进行学习。

我们都认为好的教学要建立在健康的师生关系的基础之上。学生需要把成年人看成导师和引领者，而不是高高在上的专家。老师不能把学生看成无助的孩子，需要一勺一勺地把知识喂给他们，而应该将每一个学生看作需要个性化教育的独立个体。我们通过翻转模式和通达翻转模式激发了学生的自主学习精神，促使他们在这种互动式、富于交流的环境中更深入地学习，这对他们的成功也有很大帮助。

亲爱的读者，现在请放手接受挑战，努力从不同的角度思考教育。尽管你可能不会全盘采用我们的模式，但我们还是要鼓励你们问一个问题："如何才是对学生最好的？"然后放手去做。

「常青藤」教育书系·重磅推荐 >>>

《从优秀教师到卓越教师：极具影响力的日常教学策略》

作 者：(美) 安奈特·布鲁肖
　　　　托德·威特克尔

ISBN：978-7-5153-1237-8

开 本：16

页 码：336

定 价：33.80元

★ 入选浙江省教师节用书

★ 入选中小学教师必读图书

★ 入选“新华杯”教师读书征文比赛推荐图书

★ 高效：一天一个简单易学的方法，5分钟就能让你的教学效果“立竿见影”

★ 实用：180天，闲暇之时就能轻松学习新理论、新方法、新智慧

★ 权威：美国最受欢迎的教育家与数千名卓越教师的无私分享，让你获得全新的教学视野

★ 超强影响力：美国教育界公认最好的教师培训项目二十余年的宝贵经验

本书是一本覆盖全学年的实用教学指南，一共包含180天，几乎覆盖了整个学年的教学时间，每一天为教师提供一个与教学相关的方法、策略或者行动建议，以提高教学的有效性。教师每天只需花几分钟的时间，就能获得新进步、新收获。

作为一名教师，由于肩负着众多的责任，所以很容易顾此失彼，看重一些我们本无须看重的东西，忽略一些我们本不该忽略的东西。因此，每一天，我们都需要提醒自己做自己该做的事情。本书将在你教学的每一天为你送上温馨的提醒、善意的建议、周全的行动计划。

「常青藤」教育书系·重磅推荐 >>>

《全脑教学：影响全球300万教师的教学指导书》

作 者：（美）克里斯·比弗尔

ISBN：9787515323169

开 本：16

页 码：288

定 价：38.00元

★ 全球规模最大、发展最迅速的教育改革运动

★ 彻底告别填鸭式教学，培养学生的最佳学习力、最强专注力、最惊人记忆力

★ 将脑科学转化为最具操作性的教学方法，全方位激发学生的左右脑，整合学生的听觉、视觉、记忆、情感、理智等，创造性地培养出心智俱佳的“全脑学生”

据教师反馈，全脑教学有着惊人的成效：

★ 学生的不良行为（托腮、趴在桌子上、抱怨、发呆、开小差、离开座位）下降了50%

★ 学生的阅读成绩在三个月内提高了12%,数学成绩提高了28%

★ 学生的综合成绩比普通学生高20%~30%

★ 两年时间内，学生记过处分和停课的数量下降了50%

全脑教学是一项源于基层的教育改革运动，被誉为全球发展最为迅速的教育改革运动，它受到了美国以及世界各地30个国家的教师们的推崇！

全脑教学提倡：将脑科学转化为最具操作性的教学方法，全方位激发学生的左右脑，整合学生的听觉、视觉、记忆、情感、理智等，创造性地培养出心智俱佳的“全脑学生”。

“常青藤”书系—中青文教师用书总目录

书名	书号	定价
特别推荐——从优秀到卓越系列		
从优秀教师到卓越教师：极具影响力的日常教学策略（入选浙江省教师节用书）	9787515312378	33.80
从优秀教学到卓越教学：让学生专注学习的最实用教学指南	9787515324227	39.90
从优秀学校到卓越学校：他们的校长在哪些方面做得更好	9787515325637	33.80
卓越课堂管理（中国教育新闻网2015年度“影响教师的100本书”）	9787515331362	88.00
名师新经典/教育名著		
马文·柯林斯的教育之道：通往卓越教育的路径（《中国教育报》2019年度“教师喜爱的100本书”，中国教育新闻网“影响教师的100本书”。朱永新作序，李希贵力荐）	9787515355122	49.80
如何当好一名学校中层：快速提升中层能力、成就优秀学校的31个高效策略	9787515346519	29.00
像冠军一样教学：引领学生走向卓越的62个教学诀窍	9787515343488	49.00
像冠军一样教学2：引领教师掌握62个教学诀窍的实操手册与教学资源	9787515352022	68.00
如何成为高效能教师（美国最畅销教师用书，销量超过350万册，教师培训第一书）	9787515301747	89.00
给教师的101条建议（第三版）(《中国教育报》“最佳图书”奖）	9787515342665	33.00
改善学生课堂表现的50个方法（入选《中国教育报》“影响教师的100本书”）	9787500693536	33.00
改善学生课堂表现的50个方法操作指南：小技巧获得大改变	9787515334783	29.00
优秀教师一定要知道的17件事（美国当前最有影响教育畅销书作者全新力作）	9787515342726	23.00
美国中小学世界历史读本 / 世界地理读本 / 艺术史读本	9787515317397等	106.00
美国语文读本1-6	9787515314624等	252.70
和优秀教师一起读苏霍姆林斯基	9787500698401	27.00
快速破解60个日常教学难题	9787515339320	33.00
美国最好的中学是怎样的——让孩子成为学习高手的乐园	9787515344713	28.00
建立以学习共同体为导向的师生关系：让教育的复杂问题变得简单	9787515353449	33.80
教师成长/专业素养		
可见的学习与深度学习：最大化学生的技能、意志力和兴奋感	9787515361116	45.00
学生教给我的17件重要的事：带给你爱、勇气、坚持与创意的人生课堂	9787515361208	39.80
教师如何持续学习与精进	9787515361109	39.00
从实习教师到优秀教师	9787515358673	39.90
像领袖一样教学：改变学生命运，使学生变得更好（中国教育新闻网2015年度“影响教师的100本书”）	9787515355375	49.00
你的第一年：新教师如何生存和发展	9787515351599	33.80
教师精力管理：让教师高效教学，学生自主学习	9787515349169	28.00
如何使学生成为优秀的思考者和学习者：哈佛大学教育学院课堂思考解决方案	9787515348155	39.80
反思性教学：一个已被证明能让所有教师做到最好的培训项目（30周年纪念版）	9787515347837	49.00
凭什么让学生服你：极具影响力的日常教育策略（中国教育新闻网2017年度“影响教师的100本书”）	9787515347554	28.00
运用积极心理学提高学生成绩（中国教育新闻网2017年度“影响教师的100本书”）	9787515345680	39.80
可见的学习与思维教学：成长型思维教学的54个教学资源：教学资源版	9787515354743	36.00

	书名	书号	定价
★	可见的学习与思维教学：让教学对学生可见，让学习对教师可见（中国教育报2017年度“教师最喜爱的100本书”）	9787515345000	29.80
	教学是一段旅程：成长为卓越教师你一定要知道的事	9787515344478	39.00
	安奈特·布鲁肖写给教师的101首诗	9787515340982	35.00
	万人迷老师养成宝典学习指南	9787515340784	28.00
	中小学教师职业道德培训手册：师德的定义、养成与评估	9787515340777	32.00
	成为顶尖教师的10项修炼（中国教育新闻网2015年度“影响教师的100本书”）	9787515334066	35.00
★	T. E. T. 教师效能训练：一个已被证明能让所有年龄学生做到最好的培训项目（30周年纪念版）（中国教育新闻网2015年度“影响教师的100本书”）	9787515332284	49.00
	教学需要打破常规：全世界最受欢迎的创意教学法（中国教育新闻网2015年度“影响教师的100本书”）	9787515331591	33.00
	10天卓越教师自我培训（教育家安奈特·布鲁肖顶尖卓越教师培训教材）	9787515329925	29.00
	给幼儿教师的100个创意：幼儿园班级设计与管理 / 为幼升小做准备	9787515330310等	58.00
	给小学教师的100个创意：发展思维能力	9787515327402	29.00
	给中学教师的100个创意： 如何激发学生的天赋和特长 / 杰出的教学 / 快速改善学生课堂表现	9787515330723等	87.90
	以学生为中心的翻转教学11法	9787515328386	29.00
	如何使教师保持职业激情	9787515305868	29.00
★	如何培训高效能教师：来自全美权威教师培训项目的建议	9787515324685	32.00
	良好教学效果的12试金石：每天都需要专注的事情清单	9787515326283	29.90
★	让每个学生主动参与学习的37个技巧	9787515320526	28.00
	给教师的40堂培训课：教师学习与发展的最佳实操手册	9787515352787	39.90
	提高学生学习效率的9种教学方法	9787515310954	27.80
★	优秀教师的课堂艺术：唤醒快乐积极的教学技能手册	9787515342719	26.00
★	万人迷老师养成宝典（第2版）（入选《中国教育报》“2010年影响教师的100本书”）	9787515342702	29.00
	高效能教师的9个习惯	9787500699316	23.00
	课堂教学/课堂管理		
	跨学科项目式教学：通过“+1”教学法进行计划、管理和评估	9787515361086	49.00
★	课堂上最重要的56件事	9787515360775	35.00
★	全脑教学与游戏教学法	9787515360690	39.00
★	深度教学：运用苏格拉底式提问法有效开展备课设计和课堂教学	9787515360591	49.90
★	一看就会的课堂设计：三个步骤快速构建完整的课堂管理体系	9787515360584	39.90
	如何有效激发学生学习兴趣	9787515360577	38.00
	如何解决课堂上最关键的9个问题	9787515360195	49.00
	多元智能教学法：挖掘每一个学生的最大潜能	9787515359885	39.90
★	探究式教学：让学生学会思考的四个步骤	9787515359496	39.00
	课堂提问的技术与艺术	9787515358925	49.00
	如何在课堂上实现卓越的教与学	9787515358321	49.00
	基于学习风格的差异化教学	9787515358437	39.90

书名	书号	定价
如何在课堂上提问：好问题胜过好答案	9787515358253	39.00
高度参与的课堂：提高学生专注力的沉浸式教学	9787515357522	39.90
让学习变得有趣	9787515357782	39.00
如何利用学校网络进行项目式学习和个性化学习	9787515357591	39.90
基于问题导向的互动式、启发式与探究式课堂教学法	9787515356792	49.00
如何在课堂中使用讨论：引导学生讨论式学习的60种课堂活动	9787515357027	38.00
如何在课堂中使用差异化教学	9787515357010	39.90
如何在课堂中培养成长型思维	9787515356754	39.90
每一位教师都是领导者：重新定义教学领导力	9787515356518	39.90
教室里的1-2-3魔法教学：美国广泛使用的从学前到八年级的有效课堂纪律管理	9787515355986	39.90
如何在课堂中使用布卢姆教育目标分类法	9787515355658	39.00
如何在课堂上使用学习评估	9787515355597	39.00
7天建立行之有效的课堂管理系统：以学生为中心的分层式正面管教	9787515355269	29.90
积极课堂：如何更好地解决课堂纪律与学生的冲突	9787515354590	38.00
设计智慧课堂：培养学生一生受用的学习习惯与思维方式	9787515352770	39.00
追求学习结果的88个经典教学设计：轻松打造学生积极参与的互动课堂	9787515353524	39.00
从备课开始的100个课堂活动设计：创造积极课堂环境和学习乐趣的教师工具包	9787515353432	33.80
老师怎么教，学生才能记得住	9787515353067	48.00
多维互动式课堂管理：50个行之有效的方法助你事半功倍	9787515353395	39.80
智能课堂设计清单：帮助教师建立一套规范程序和做事方法	9787515352985	49.90
提升学生小组合作学习的56个策略：让学生变得专注、自信、会学习	9787515352954	29.90
快速处理学生行为问题的52个方法：让学生变得自律、专注、爱学习	9787515352428	39.00
王牌教学法：罗恩·克拉克学校的创意课堂	9787515352145	39.80
让学生快速融入课堂的88个趣味游戏：让上课变得新颖、紧凑、有成效	9787515351889	39.00
如何调动与激励学生：唤醒每个内在学习者（李希贵校长推荐全校教师研读）	9787515350448	39.80
合作学习技能35课：培养学生的协作能力和未来竞争力	9787515340524	45.00
基于课程标准的STEM教学设计：有趣有料有效的STEM跨学科培养教学方案	9787515349879	68.00
如何设计教学细节：好课堂是设计出来的	9787515349152	39.00
15秒课堂管理法：让上课变得有料、有趣、有秩序	9787515348490	33.80
混合式教学：技术工具辅助教学实操手册	9787515347073	39.80
从备课开始的50个创意教学法	9787515346618	29.00
中学生实现成绩突破的40个引导方法	9787515345192	33.00
给小学教师的100个简单的科学实验创意	9787515342481	39.00
老师如何提问，学生才会思考	9787515341217	33.80
教师如何提高学生小组合作学习效率	9787515340340	29.00
卓越教师的200条教学策略	9787515340401	35.00
中小学生执行力训练手册：教出高效、专注、有自信的学生	9787515335384	33.80
从课堂开始的创客教育：培养每一位学生的创造能力	9787515342047	33.00
提高学生学习专注力的8个方法：打造深度学习课堂	9787515333557	35.00

	书名	书号	定价
	改善学生学习态度的58个建议	9787515324067	25.00
★	全脑教学（中国教育新闻网2015年度“影响教师的100本书”）	9787515323169	38.00
★	全脑教学与成长型思维教学：提高学生学习力的92个课堂游戏	9787515349466	39.00
★	哈佛大学教育学院思维训练课	9787515325101	36.00
	完美结束一堂课的35个好创意	9787515325163	28.00
	如何更好地教学：优秀教师一定要知道的事（被英国教育界奉为圣经的教学用书）	9787515324609	36.00
	带着目的教与学	9787515323978	28.00
★	美国中小学生社会技能课程与活动（学前阶段/1-3年级/4-6年级/7-12年级）	9787515322537等	153.80
	彻底走出教学误区：开启轻松智能课堂管理的45个方法	9787515322285	28.00
	破解问题学生的行为密码：如何教好焦虑、逆反、孤僻、暴躁、早熟的学生	9787515322292	36.00
	13个教学难题解决手册	9787515320502	28.00
★	让学生爱上学习的165个课堂游戏	9787515319032	39.00
	美国学生游戏与素质训练手册：培养孩子合作、自尊、沟通、情商的103种教育游戏	9787515325156	36.00
	老师怎么说，学生才会听	9787515312057	28.00
	快乐教学：如何让学生积极与你互动（入选《中国教育报》“影响教师的100本书”）	9787500696087	29.00
★	老师怎么教，学生才会提问	9787515317410	29.00
★	快速改善课堂纪律的75个方法	9787515313665	28.00
★	教学可以很简单：高效能教师轻松教学7法	9787515314457	39.00
★	好老师可以避免的20个课堂错误（入选《中国教育报》“影响教师的100本图书”）	9787500688785	39.90
★	好老师应对课堂挑战的25个方法（《给教师的101条建议》作者新书）	9787500699378	25.00
★	好老师激励后进生的21个课堂技巧	9787515311838	39.80
★	开始和结束一堂课的50个好创意	9787515312071	29.80
	好老师因材施教的12个方法（美国著名教师伊莉莎白“好老师”三部曲）	9787500694847	22.00
★	如何打造高效能课堂（美国《学习》杂志“教师必选”奖，“激励教师组织”推荐书目）	9787500680666	29.00
	合理有据的教师评价：课堂评估衡量学生进步	9787515330815	29.00
	班主任工作/德育		
★	北京四中8班的教育奇迹	9787515321608	36.00
★	师德教育培训手册	9787515326627	29.80
	中小学教师职业道德培训手册：师德的定义、养成与评估	9787515340777	32.00
★	好老师征服后进生的14堂课（美国著名教师伊莉莎白“好老师”三部曲）	9787500693819	39.90
	优秀班主任的50条建议：师德教育感动读本（《中国教育报》专题推荐）	9787515305752	23.00
	学校管理/校长领导力		
	学校管理最重要的48件事	9787515361055	39.80
	重新设计学习和教学空间：设计利于活动、游戏、学习、创造的学习环境	9787515360447	49.90
	重新设计一所好学校：简单、合理、多样化地解构和重塑现有学习空间和学校环境	9787515356129	49.00
	让樱花绽放英华	9787515355603	79.00
	学校管理者平衡时间和精力的21个方法	9787515349886	29.90
	校长引导中层和教师思考的50个问题	9787515349176	29.00
	如何定义、评估和改变学校文化	9787515340371	29.80

书名	书号	定价
优秀校长一定要做的18件事（入选《中国教育报》“2009年影响教师的100本书”）	9787515342733	26.00
学科教学/教科研		
北京四中语文课. 千古文章	9787515360973	59.00
北京四中语文课. 亲近经典	9787515360980	59.00
从备课开始的56个英语创意教学：快速从小白老师到名师高手	9787515359878	49.90
美国学生写作技能训练	9787515355979	39.90
《道德经》妙解、导读与分享（诵读版）	9787515351407	49.00
京沪穗江浙名校名师联手教你：如何写好中考作文	9787515356570	49.90
京沪穗江浙名校名师联手授课：如何写好高考作文	9787515356686	49.80
人大附中中考作文取胜之道	9787515345567	39.80
人大附中高考作文取胜之道	9787515320694	33.80
人大附中学生这样学语文：走近经典名著	9787515328959	33.80
四界语文（中国教育报2017年度“教师喜爱的100本书”）	9787515348483	49.00
让小学一年级孩子爱上阅读的40个方法	9787515307589	39.90
让学生爱上数学的48个游戏	9787515326207	26.00
轻松100 课教会孩子阅读英文	9787515338781	88.00
情商教育/心理咨询		
9节课，教你读懂孩子：妙解亲子教育、青春期教育、隔代教育难题	9787515351056	39.80
学生版盖洛普优势识别器（独一无二的优势测量工具）	9787515350387	169.00
与孩子好好说话（获“美国国家育儿出版物（NAPPA）金奖”，沟通圣经）	9787515350370	39.80
中小学心理教师的10项修炼	9787515309347	36.00
别和青春期的孩子较劲（增订版）（入选《中国教育报》“2009年影响教师的100本书”）	9787515343075	28.00
100条让孩子胜出的社交规则	9787515327648	28.00
守护孩子安全一定要知道的17个方法	9787515326405	32.00
幼儿园/学前教育		
德国幼儿的自我表达课：不是孩子爱闹情绪，是她/他想说却不会说！	9787515359458	59.00
德国幼儿教育成功的秘密：近距离体验德国学前教育理念与幼儿园日常活动安排	9787515359465	49.80
美国儿童自然拼读启蒙课：至关重要的早期阅读训练系统	9787515351933	49.80
幼儿园30个大主题活动精选：让工作更轻松的整合技巧	9787515339627	39.80
美国幼儿教育活动大百科：3-6岁儿童学习与发展指南用书 科学 / 艺术 / 健康与语言 / 社会	9787515324265等	600.00
蒙台梭利早期教育法：3-6岁儿童发展指南（理论版）	9787515322544	29.80
蒙台梭利儿童教育手册：3-6岁儿童发展指南（实践版）	9787515307664	25.00
自由地学习：华德福的幼儿园教育	9787515328300	29.90
赞美你：奥巴马给女儿的信	9787515303222	19.90
史上最接地气的幼儿书单	9787515329185	39.80
教育主张/教育视野		
终身学习：让学生在未来拥有不可替代的决胜力	9787515360560	49.90
颠覆性思维：为什么我们的阅读方式很重要	9787515360393	39.90

	书名	书号	定价
	如何教学生阅读与思考：每位教师都需要的阅读训练手册	9787515359472	39.00
	“互联网+”时代，如何做一名成长型教师	9787515340302	29.90
	教出阅读力	9787515352800	39.90
	为学生赋能：当学生自己掌控学习时，会发生什么	9787515352848	33.00
	如何用设计思维创意教学：风靡全球的创造力培养方法	9787515352367	39.80
	如何发现孩子：实践蒙台梭利解放天性的趣味游戏	9787515325750	32.00
	如何学习：用更短的时间达到更佳效果和更好成绩	9787515349084	49.00
	教师和家长共同培养卓越学生的10个策略	9787515331355	27.00
★	如何阅读：一个已被证实的低投入高回报的学习方法	9787515346847	39.00
★	芬兰教育全球第一的秘密（钻石版）(《中国教育报》等主流媒体专题推荐，台湾地区教育类畅销书榜第一名）	9787515359922	59.00
	世界最好的教育给父母和教师的45堂必修课（《芬兰教育全球第一的秘密》2）	9787515342696	28.00
★	杰出青少年的7个习惯（精英版）（中小学图书馆推荐书目、中国青少年必读书目）	9787515342672	39.00
	杰出青少年的7个习惯（成长版）	9787515335155	29.00
★	杰出青少年的6个决定（领袖版）（中小学图书馆推荐书目、中国青少年必读书目、全国优秀出版物奖）	9787515342658	28.00
★	7个习惯教出优秀学生（第2版）（全球第一畅销书《高效能人士的七个习惯》教师版）	9787515342573	39.90
	学习的科学：如何学习得更好更快（入选中国教育网2016年度“影响教师的100本书”）	9787515341767	39.80
	杰出青少年构建内心世界的5个坐标（中国青少年成长公开课）	9787515314952	59.00
★	跳出教育的盒子（第2版）（美国中小学教学经典畅销书）	9787515344676	35.00
	夏烈教授给高中生的19场讲座（入选《中国教育报》“2013年最受教师欢迎的100本书”）	9787515318813	29.90
★	学习之道：美国公认经典学习书	9787515342641	39.00
★	翻转学习：如何更好地实践翻转课堂与慕课教学（中国教育新闻网2015年度“影响教师的100本书”）	9787515334837	32.00
★	翻转课堂与慕课教学：一场正在到来的教育变革	9787515328232	26.00
	翻转课堂与混合式教学：互联网+时代，教育变革的最佳解决方案	9787515349022	29.80
	翻转课堂与深度学习：人工智能时代，以学生为中心的智慧教学	9787515351582	29.80
★	奇迹学校：震撼美国教育界的教学传奇（中国教育新闻网2015年度“影响教师的100本书”）	9787515327044	36.00
★	学校是一段旅程：华德福教师1-8年级教学手记	9787515327945	32.00
★	高效能人士的七个习惯（30周年纪念版）（全球畅销书）	9787515360430	79.00

您可以通过如下途径购买：

1. 书　　店：各地新华书店、教育书店。
2. 网上书店：当当网（www.dangdang.com）、亚马逊中国网（www.amazon.cn）、天猫（zqwts.tmall.com）京东网（www.360buy.com）。
3. 团　　购：各地教育部门、学校、教师培训机构、图书馆团购，可享受特别优惠。

购书热线：010-65511270 / 65516873